Auf in den Kindergarten!

Johanna Friedl

Auf in den Kindergarten!

Eltern-Leitfaden für eine glückliche Kindergartenzeit

GONDROM

Umschlaggestaltung: Jarzina Kommunikations-Design, Köln
Umschlagfoto: Mauritius Images, Mittenwald

008

ISBN 3-8112-2567-7

5 4 3 2 1

Inhalt

Hinweis

Wenn im Folgenden von Erziehern die Rede ist, so handelt es sich hierbei um ein Zugeständnis an die bessere Lesbarkeit. Denn natürlich bin ich mir bewusst, dass der Beruf des Erziehers auch heute noch vorwiegend von Frauen ausgeübt wird und es folgerichtig Erzieherinnen heißen müsste.

Ich würde mir aber mehr Männer in diesem Beruf wünschen! Deswegen habe ich mich beim Schreiben dieses Buches hin und wieder – neben dem oben genannten Grund und damit auch die Männer sich angesprochen fühlen – zu der männlichen Form entschlossen, die ja (wenn auch nicht explizit) die weibliche mit einschließt!

Vor dem Kindergarteneintritt

Wann soll's losgehen?

Es gibt eindeutige Anzeichen dafür, ob ein Kind reif ist, in den Kindergarten zu gehen.

Linda ist dreieinhalb Jahre alt, sie hat einen älteren und einen jüngeren Bruder. In unmittelbarer Nachbarschaft wohnt Lindas Freundin Eva. Seit Eva in den Kindergarten geht, langweilt sich Linda zu Hause, weiß mit sich oder ihren Brüdern nichts anzufangen. Ist nun der Zeitpunkt gekommen, Linda in den Kindergarten zu bringen?

Es ist sehr wichtig, sich Gedanken über den richtigen Zeitpunkt für den Kindergarteneintritt zu machen, stellt er doch für ein Kind einen wichtigen Einschnitt in seiner Entwicklung dar. Das Kind verlässt die Geborgenheit der Familie und kommt in eine noch nicht überschaubare, fremde Gruppe mit unzähligen neuen Gesichtern. Die ihm ebenso fremde Erzieherin, die zu gleicher Zeit für alle Kinder da ist, soll auch für den Kindergartenneuling eine vertrauenswürdige Bezugsperson, ja anfangs fast Muttterersatz sein. Diese Situation verkraften nicht alle Kinder einer Altersgruppe gleich gut.

Der richtige Zeitpunkt für den Kindergarteneintritt ist von Kind zu Kind verschieden – entscheidend sind immer die Erfahrungen, die ein Kind vorher gemacht hat!

Linda zum Beispiel hat nicht nur Geschwister, sie pflegt auch eigenständige Kontakte in der Nachbarschaft und mit befreundeten Familien, sie hat schon erste Schritte nach »außen« getan. Dadurch hat sie gute Voraussetzungen, sich auch im Kindergarten zurechtzufinden.

Der richtige Zeitpunkt ist von Kind zu Kind verschieden.

Der Eintritt in den Kindergarten sollte nie dann stattfinden, wenn sich in der Familie gerade entscheidende Veränderungen vollziehen. Die Geburt eines Geschwisters, ein Wohnortwechsel, ein Todesfall oder eine anstehende Scheidung bringen für ein Kind tief greifende Veränderungen mit sich und somit auch Unsicherheit. Kinder brauchen in dieser Zeit besonders viel Geborgenheit und Beständigkeit, um wieder Sicherheit zu gewinnen. Jede zusätzliche Veränderung in ihrem Leben würde sie überfordern. Kinder haben auch leicht das Gefühl, abgeschoben zu werden, und dieses Gefühl würde einen schlechten Start fast unvermeidbar machen.

Für den richtigen Zeitpunkt des Kindergarteneintritts ist auch die zu erwartende Gruppenstärke von entscheidender Bedeutung. Diese Erfahrung mussten Hannos Eltern machen. Ihr Sohn hatte alle Voraussetzungen für einen gelungenen Kindergartenstart. Er unterhielt mit seinen knapp vier Jahren eigenständige Kontakte in der Nachbarschaft, fand sich auch allein in fremder Umgebung gut zurecht und wünschte sich nichts sehnlicher, als endlich mit den Nachbarskindern in den Kindergarten gehen zu können. Leider war der Kindergarten am Ort völlig überfüllt, und Hanno kam in eine Gruppe mit 26 Kindern. Diese große Gruppe bedeutete für den Jungen eine extreme Belastung, die ihn bald völlig überforderte. Hanno schaffte es noch nicht, die unzähligen

Auch die zu erwartende Gruppenstärke sollte mit berücksichtigt werden.

Eindrücke, von denen er in der großen Gruppe überrollt wurde, zu bewältigen.

Gerade Kinder, die ihre Umgebung besonders intensiv und mit wachen Augen wahrnehmen, können so viele Reize nicht verarbeiten, sie werden unruhig und nervös. Hier könnte eventuell ein Nachmittagsbesuch in Betracht gezogen werden, da dann weniger Kinder in der Gruppe sind.

Meine Erfahrung zeigt, dass sich viele Kinder bereits mit dreieinhalb oder vier Jahren leichter tun als mit drei Jahren. Vorsprünge haben die Kinder, die früher in den Kindergarten kommen, praktisch nie. Oft ist sogar das Gegenteil der Fall: Kinder, die zu früh in den Kindergarten kommen, sind lange Zeit damit beschäftigt, die entstandenen Ängste und Unsicherheiten wieder abzubauen. Ältere Kinder sind meist besser in der Lage, neue Erfahrungen zu verkraften.

Normalerweise lassen sich im Verhalten der Kinder deutliche Anzeichen beobachten, die auf die Kindergartenreife hinweisen – die Kinder suchen den Kontakt zu anderen Kindern, sie drängen immer mehr hinaus und möchten sich dabei Schritt für Schritt von der Hand der Eltern lösen.

Lieber noch etwas warten?

Ein Kind sollte möglichst nicht gerade dann in den Kindergarten kommen, wenn es in der Familie auch andere Veränderungen gibt.

Beate war immer ein ruhiges, eher schüchternes Kind, das sich selbst auf dem Spielplatz kaum von ihren Eltern lösen konnte. In den vergangenen Wochen hatte sich das geändert: Immer häufiger suchte die Dreijährige aus eigenem Antrieb Kontakt zu anderen Kindern. Ein paar Mal blieb sie sogar schon ohne ihre Mutter mit einer Spielkameradin und deren Mutter auf dem Spielplatz. Alles deutete darauf hin, dass Beate bis zum Herbst reif und selbständig genug sein würde, um den Kindergarten zu besuchen. Da ihre Mutter wieder arbeiten muss, beruhigt sie die Entwicklung ihrer Tochter sehr, und sie beginnt darüber nachzudenken, wann sie in ihren Beruf zurückkehren kann.

Häufig zeigen Kinder recht deutlich, wann sie reif und bereit für den Kindergarten sind. Das kann schon mit drei Jahren, aber auch erst später der Fall sein. Wichtig ist es, dem Kind, wenn möglich, Zeit zu lassen und es nicht zu früh in die Selbständigkeit zu drängen.

Kein Kind sollte zu früh in den Kindergarten geschickt werden.

Gerade wenn eine Mutter wieder arbeiten muss oder möchte, kann es vorkommen, dass ein Kind sich gedrängt oder gar abgeschoben fühlt und sich dagegen wehrt. Deshalb kann es sinnvoll sein, den Wiedereinstieg in den Beruf – sofern möglich – erst ein paar Monate nach dem Kindergarteneintritt des Kindes zu wagen. Das Kind bringt dann das eine nicht mit dem anderen in Verbindung und fühlt sich ebenso wenig wie die Mutter unter Druck gesetzt, weil nicht alles gleich von Anfang an perfekt klappen muss. Da gerade am Anfang der Vormittag im Kindergarten für Kinder noch sehr aufregend und anstrengend ist, kann die Mutter ihr Kind etwas später in den Kindergarten bringen. Mittags kann sie sich Zeit nehmen, um die Anspannung nach dem Kindergartenbesuch aufzufangen. Nach etwa drei Monaten haben Kinder sich meist im Kindergarten eingelebt, eine gewisse Alltagsroutine ist eingekehrt, und die Mutter kann nun beruhigt ihre Arbeit aufnehmen.

Es gibt aber noch andere Gründe, den Zeitpunkt für den Kindergarteneintritt besonders gut abzuwägen: Nach der Geburt eines Geschwisterkindes zum Beispiel sollte man den Kindern Zeit lassen, sich an die neue Situation zu gewöhnen, bevor ein Kindergartenbesuch in Betracht gezogen wird. Wenn ein Kind schon reif genug ist, besteht auch die Möglichkeit, den Kindergarteneinstieg ein wenig vorzuziehen. So bringt das Kind den Kindergartenstart nicht mit der Geburt des Geschwisters in Verbindung.

Denn alle Situationen, die in der Familie Veränderungen mit sich bringen, verunsichern Kinder und lassen sie leicht das Gefühl haben, abgeschoben zu werden. Solche Veränderungen können nicht nur der Wiedereinstieg ins Berufsleben oder die Geburt eines Kindes sein, sondern auch ein Umzug, ein Todesfall oder ein noch nicht lange zurückliegender Krankenhausaufenthalt eines Familienmitgliedes oder des Kindes selbst. Lassen sich der Kindergarteneintritt und familiäre Veränderungen zeitlich nicht voneinander trennen, brauchen Kinder in dieser für sie schwierigen Zeit besonders viel Verständnis und, so schwierig es auch manchmal sein mag, Zuwendung, um den Halt nicht ganz zu verlieren.

Jede Veränderung kann ein Kind verunsichern.

Ein guter Anfang

Über die Bedeutung eines gelungenen Kindergarteneintritts und welche Möglichkeiten es gibt, ihn vorzubereiten.

Der Kindergarten ist eine familienergänzende Einrichtung. Er soll Ihrem Kind helfen, sich außerhalb der Familie zurechtzufinden. In der Familie befindet sich Ihr Kind in einer vertrauten Atmosphäre, verbunden mit einem besonders engen Zusammengehörigkeitsgefühl. Eine ähnlich vertraute Atmosphäre findet es auch bei Besuchen von Freunden, Verwandten, Großeltern ... Der Kindergarten möchte Ihrem Kind helfen, sich zum ersten Mal nach außen zu öffnen, ohne diese Urgeborgenheit in der Familie zu stören.
Ein gelungener Einstieg ist, ebenso wie ein positiv verlaufener Schulanfang, für die weitere Entwicklung von großer Bedeutung. Macht Ihr Kind beim Kindergarteneintritt gute Erfahrungen, entwickelt es eine positive Grundeinstellung, wird es zuversichtlich und mit weniger Angst auch auf ähnliche Situationen zugehen.
Durch eine sinnvolle Vorbereitung können Sie Ihrem Kind den Einstieg wesentlich erleichtern.

Die Bedeutung eines gelungenen Einstiegs kann gar nicht hoch genug eingeschätzt werden.

Carina besucht schon seit einem Jahr zweimal pro Woche eine Spielgruppe. Anfangs ist ihre Mutter immer bei ihr geblieben, aber inzwischen findet sich Carina so gut zurecht, dass sie problemlos die Spielgruppe auch mal verlassen kann, um einkaufen zu gehen oder etwas anderes zu erledigen. Der Besuch der Spielgruppe hat für Carina einige Vorteile im Hinblick auf den bevorstehenden Kindergarteneintritt: Carina hat sich an kurzzeitige Trennungen von ihren Eltern gewöhnt und sie weiß, dass sie sich auf ihre Eltern verlassen kann. Sie kann sich beruhigt auf etwas Neues einlassen, weil sie weiß, dass ihre Eltern wiederkommen. Der Kontakt zur Kindergruppe hat zudem den Vorteil, dass Carina die Spielregeln, die in einer Gruppe gelten, nicht mehr ganz fremd sind. Und nicht zuletzt traut sie sich auch, auf eine andere Bezugsperson zuzugehen.

Es ist von entscheidender Bedeutung, dass Kinder ihr Urvertrauen entwickeln können. Sie müssen die Erfahrung gemacht haben, dass ihre Eltern zuverlässig sind! Versprechungen und Vereinbarungen sind unbedingt einzuhalten, das Vertrauen des Kindes darf niemals missbraucht werden. Ein schwerer Vertrauensmissbrauch wäre zum Beispiel, sich davonzuschleichen und das Kind unbemerkt und ohne Abschied zu verlassen.

Auf Eltern sollte Verlass sein.

Volkers Mutter hat ihren Sohn zur Anmeldung in den Kindergarten mitgenommen und seitdem immer wieder mal die Rede auf den Kindergarten gebracht. Dazu ergaben sich vielfältige Möglichkeiten, als sie die Dinge, die Volker im Kindergarten braucht, mit ihm gemeinsam gekauft und ihm erklärt hat, wozu sie notwendig sind. Während sie die Brottasche, die Hausschuhe, das Turnzeug mit seinem Namen kennzeichnete, erfuhr Volker ganz nebenbei viel über den Kindergarten. Mit Hilfe von Bilderbüchern hat Volkers Mutter die natürliche Neugier ihres Sohnes aufgegriffen und ihm die Möglichkeit gegeben, sich schon vorab ganz intensiv mit dem bevorstehenden Kindergarteneintritt auseinander zu setzen. Er hatte schon eine gewisse Vorstellung von seinem Kindergarten, und weil die Mutter ihm keine besonderen Attraktionen versprochen hat, ist bei ihm keine Erwartungshaltung entstanden. Wenn Kinder ein wunderschönes Spielparadies erwarten, macht sich schnell Enttäuschung breit, weil sie das Spielzeug auch mit anderen Kindern teilen müssen. Dadurch wird es ihnen unnötig erschwert, sich in den Kindergartenalltag einzugewöhnen.

Eine besonders schöne Möglichkeit, ein Kind auf den Kindergartenbesuch vorzubereiten, ist es, noch vor dem endgültigen Kindergartenstart dem Kindergarten einen Besuch abzustatten. Den Kindern gibt das die Möglichkeit, den Gruppenraum, einige Kinder und die Erzieherinnen kennen zu lernen. Selbstverständlich sollten die Besuche vorher unbedingt mit der Erzieherin abgesprochen werden, damit auch gewährleistet ist, dass sie Zeit für Ihr Kind hat.

Bleib bei mir!

Wenn ein Kind schon sehr früh zum ersten Mal in den Kindergarten gehen soll, ist es wichtig, behutsam vorzugehen.

Marissa ist gerade drei Jahre alt geworden. Weil der Erziehungsurlaub nun vorbei ist und ihre Mutter wieder zu arbeiten beginnt, ist für sie die Zeit des Kindergarteneinstiegs gekommen. Marissa fürchtet sich vor diesem Schritt und auch ihre Mutter sieht ihm mit sehr gemischten Gefühlen entgegen – sie kann sich noch nicht so recht vorstellen, dass ihre Tochter sich von ihr lösen kann und sich allein zurechtfinden wird.

So wie Marissa und ihrer Mutter geht es heute vielen Eltern mit ihren Kindern. Spätestens wenn der Erziehungsurlaub vorbei ist, möchten oder müssen viele Mütter wieder zurück in den Beruf. Nach dem Gesetz sollte für jedes dreijährige Kind ein Kindergartenplatz zur Verfügung stehen. Für Kinder, die gerade erst drei geworden sind, ist der Kindergartenstart aber oft schmerzhaft, weil ihnen die Trennung von der Hauptbezugsperson besonders schwer fällt und sie mit den Regeln und Gepflogenheiten einer großen Gruppe noch nicht zurechtkommen. Zum Glück gibt es Möglichkeiten, die Kinder durch die schwierige Phase der Eingewöhnung zu begleiten und ihnen zu helfen. Es empfiehlt sich, die ganz Kleinen besonders behutsam an die neue Situation

Behutsame Eingewöhnung

zu gewöhnen. Vielen Kindern ist es eine große Hilfe, wenn ein Elternteil in den ersten Tagen mit in den Kindergarten kommt und auch in der Gruppe mit dabeibleibt. So kann sich das Kind wohl und sicher fühlen. Es kann dann seinen Bedürfnissen entsprechend noch ganz in Mamas oder Papas Nähe bleiben oder an ihrer bzw. seiner Hand die neue Umgebung erkunden. Behutsam und mit dem Wissen, jederzeit zum Elternteil zurückkehren zu können, hat es die Gelegenheit, die anderen Kinder und die Erzieherinnen zu beobachten und ein wenig kennen zu lernen. Wenn das Kind sich schon ein bisschen auskennt und sich wohl fühlt, können der Vater oder die Mutter zunächst nur für kurze Zeit die Kindergruppe verlassen. Nach und nach wird die Zeit der Abwesenheit verlängert.

Auf diese Weise haben auch Marissa und ihre Mutter die anfänglichen Schwierigkeiten überwunden: Zunächst blieb Marissas Mutter zusammen mit ihrer Tochter in der Kindergartengruppe. Am dritten Tag hatte sie den Eindruck, dass Marissa schon kurze Zeit ohne sie zurechtkommen würde. Gemeinsam mit der Erzieherin hat sie Marissa erklärt, dass sie nun für kurze Zeit die Gruppe verlassen würde. Auf der großen Gruppenuhr haben sie dem Mädchen erklärt, wohin sich der lange rote Zeiger bewegen muss, bis die Mama wieder zurückkommt. Marissa behielt während der Abwesenheit der Mutter die Uhr aufmerksam im Auge. Pünktlich zum vereinbarten Zeitpunkt war Marissas Mutter wieder im Kindergarten und hat ihre Tochter abgeholt. Nachdem der erste Versuch gelungen war, hat die Mutter die Zeit der Abwesenheit täglich verlängert. So konnte Marissa behutsam ihre Angst, von der Mutter getrennt zu sein, überwinden.

Am Anfang sollte ein Kind, das noch Schwierigkeiten hat sich zu trennen, nicht den ganzen Vormittag allein in der Gruppe verbringen. Sinnvoll ist es eher, die Trennungsphasen täglich ein bisschen zu verlängern, um das Kind daran zu gewöhnen. Und es ist wichtig, zumindest am Anfang noch erreichbar zu sein! Die Methode der stufenweisen Eingliederung in die Kindergartengruppe wurde speziell für noch sehr kleine Kinder entwickelt und ist schon etwas zeitaufwendig. Andererseits ermöglicht dieses Vorgehen den Kindern langsam, so-

Stufenweise Eingliederung

zusagen Schritt für Schritt, in den neuen Tagesablauf hineinzuwachsen. Nicht alle dreijährigen Kinder brauchen so lange (mehrere Tage oder zwei bis drei Wochen), um sich einzugewöhnen. Es gibt aber auch ältere Kinder, für die eine Unterstützung sehr hilfreich ist. Deshalb ist es auf jeden Fall sinnvoll, sich für die ersten Tage nichts vorzunehmen und die Kinder zu beobachten. Sollten sich die Kinder, sobald sie das Gebäude betreten haben, nach anfänglichem Weinen schnell wieder beruhigen und sich sogar auf ein Spiel einlassen, handelt es sich nicht um eine schwere Trennungsangst. Man könnte in diesem Fall eher von einer »Schwellenangst« sprechen – das Kind muss sich nur noch ein wenig überwinden, in die Gruppe zu gehen und sich auf das Geschehen im Kindergarten einzulassen. In diesem Fall ist es nicht sinnvoll, wenn die Eltern länger im Kindergarten bleiben. Im Gegenteil, ein kurzer, möglichst schmerzloser Abschied erleichtert ihnen den Start, weil es den Kindern leichter fällt, sich auf die Erzieherin oder ein älteres Kind einzulassen, nachdem die Mutter gegangen ist. Sollten die Schwierigkeiten aber über einen längeren Zeitraum anhalten, muss die Entscheidung, das Kind in den Kindergarten zu bringen, vielleicht noch einmal überdacht werden, denn nicht jedes dreijährige Kind sollte schon in den Kindergarten gehen. Ein Gespräch mit der Erzieherin schafft meist Klarheit darüber, ob ein Kind kindergartenreif ist.

Geschwister – gemeinsam stark?

Ist es sinnvoll, Geschwister zusammen in eine Kindergartengruppe gehen zu lassen?

Wenn die große Schwester oder der große Bruder schon in den Kindergarten gehen und nun auch das jüngere Kind in den Kindergarten kommt, fragen sich viele Eltern: Sollten Geschwister gemeinsam eine Gruppe besuchen oder lieber in getrennte Gruppen gehen?

Von Fall zu Fall entscheiden.

Falls Sie in Ihrem Kindergarten zwischen beiden Möglichkeiten wählen können, sollten Sie Ihre Entscheidung nach verschiedenen Gesichtspunkten abwägen.

Ist das jüngere Kind eher unselbständig, kann das ältere Kind zwar zunächst eine Hilfe sein, auf Dauer könnte die Entwicklung des jüngeren Kindes aber eher gebremst werden.

Marina kam mit knapp vier Jahren in die Kindergartengruppe, die ihr älterer Bruder Jens seit anderthalb Jahren besucht. Der Kindergarteneintritt verlief problemlos – Marina hatte sich schon darauf gefreut, und in Situationen, die sie verunsicherten, oder bei Konflikten hielt sie sich an Jens. Mit der Sicherheit, ihren Bruder bei sich zu haben, schaffte sie den Übergang spielend. Nach einiger Zeit wurde die Situation, die zunächst hilfreich war, mehr und mehr zum Problem: Immer wenn Marina sich einer Schwierigkeit gegenübersah, flüchtete sie sich zu ihrem älteren Bruder. Aufgaben, Spiele, alle Dinge, die sie nicht bewältigen konnte oder wollte, wälzte sie auf Jens ab. Obwohl er damit manchmal überfordert war, fühlte er sich für seine Schwester verantwortlich und übernahm ihre Aufgaben. Marina hatte es nie nötig, sich mit schwierigen Situationen oder Konflikten auseinander zu setzen, und konnte auf diese Weise nie üben, selbständig damit umzugehen. Das zeigte sich zum ersten Mal deutlich, als Jens krank wurde und einige Zeit nicht mit in den Kindergarten gehen konnte. Marina war den Anforderungen in der Gruppe ohne den Rückhalt ihres Bruders kaum gewachsen und nur unter größten Schwierigkeiten überhaupt dazu zu bewegen, ohne ihn in den Kindergarten zu gehen.

Aber auch aus der Sicht des älteren Kindes gibt es einiges zu bedenken: Das ältere Kind kann wieder verstärkt unter Eifersucht leiden, denn auch im Kindergarten benötigen die Neulinge zunächst viel Aufmerksam-

Eifersucht und Überforderung

keit, bis sie mit der neuen Umgebung, dem Spielmaterial und den Gepflogenheiten in der Gruppe vertraut sind. Dadurch kann beim älteren Kind leicht ein Gefühl entstehen, erneut durch das jüngere Geschwister verdrängt zu werden.
Zudem kann es auch das jüngere Geschwister als Rivale in Freundschaften mit anderen Kindern empfinden, besonders dann, wenn es auch zu Hause oft dazu angehalten wird, das jüngere Geschwister mitspielen zu lassen.
Nicht zuletzt werden die Älteren manchmal überfordert, weil ihnen die Verantwortung für das jüngere Kind übertragen wird oder sie sich selbst verantwortlich fühlen.

Uneingeschränkte Entfaltung

Sollten Sie das Gefühl haben, dass eines Ihrer Kinder eine dominierende Rolle einnimmt, sollten Sie eine Unterbringung in getrennten Gruppen in Betracht ziehen. Dadurch kann zwar für das unsichere Kind der Übergang anfangs schwieriger sein und etwas länger dauern und auch beim dominierenden Kind vorübergehend die Angst entstehen, seine Überlegenheit oder seine Machtposition zu verlieren – langfristig gesehen ermöglichen Sie Ihren Kindern aber, sich uneingeschränkt zu entfalten und selbständig zu werden.
Auch wenn Zwillinge oft besonders aneinander hängen und Eltern die Entscheidung, sie voneinander zu trennen, besonders schwer fällt, halte ich es für sinnvoll, die gleichen Überlegungen in den Vordergrund zu stellen.
Geschwister können bedenkenlos die gleiche Kindergruppe besuchen, wenn sie ein entspanntes Verhältnis zueinander haben und relativ selbständig und unabhängig voneinander sind. Wenn sie zum Beispiel schon vor dem Kindergarteneintritt eigene Freundschaften pflegen, wenn sie sich zwar mögen, aber nicht unbedingt brauchen, ist mit Schwierigkeiten kaum zu rechnen.

Das Kindergartenprogramm gefällt mir nicht!

Eltern sollten sich schon vor dem Kindergarteneintritt darüber informieren, nach welchem pädagogischen Konzept ihr Kindergarten arbeitet.

Sabine wird bald vier Jahre alt und soll in den Kindergarten gehen. In der Nähe ihres Zuhauses gibt es zwei Kindergärten. Sabines Mutter hat durch Bekannte und Freunde schon viel von beiden Einrichtungen gehört. Dennoch ist sie unschlüssig, in welchem Kindergarten sie ihre Tochter anmelden soll. Sie beschließt deshalb, beide Kindergärten einmal zu besuchen, um sich nach den Schwerpunkten, die dort gesetzt werden, zu erkundigen. Als sie erfährt, dass in einem der beiden Kindergärten neben vielen anderen Zielen die musisch-rhythmische Erziehung einen besonderen Stellenwert einnimmt, entscheidet sie, ihre Tochter dort anzumelden, weil dieser Bereich ihr selbst besonders wichtig erscheint.
Frau Huber, die Mutter von Torsten, hat diese Wahlmöglichkeit nicht, weil es am Ort nur einen Kindergarten mit zwei Gruppen gibt. Eine der beiden Gruppen wird Torsten besuchen. Das Kindergartenpersonal besteht aus einem vierköpfigen, noch jungen Team, das Hand in Hand arbeitet und um eine gute Zusammenarbeit mit den Eltern bemüht ist. Die Erzieherinnen setzen sich mit Vorschlägen und Wünschen der Eltern auseinander. Passen sie gut in das Konzept, greifen sie Anregungen gerne auf, lässt sich die Verwirklichung nur schwer umsetzen, versuchen sie, den Eltern zu erklären, warum der Vorschlag nicht Realität werden kann. Bei aller Offenheit haben die Erzieherinnen ein klares Konzept, das die pädagogische Arbeit, die Arbeit mit und an den Kindern in den Vordergrund stellt und eine ganzheitliche und allseitige Förderung gewährleisten soll.

Ein Gespräch vorab schafft Klarheit und kann spätere Konflikte vermeiden.

In allen Kindergärten gibt es manchmal kritische Elternstimmen, weil die Eltern mit der einen oder anderen Aktivität nicht einverstanden sind oder zusätzliche Aktivitäten wünschen. Manche Eltern würden es gerne sehen, wenn andere

Schwerpunkte gesetzt würden. Die einen wünschen sich mehr Bewegungserziehung, die anderen mehr Förderung im musischen Bereich, jenen liegt an Betätigung im gestalterischen Bereich, diesen ist gezielte kognitive Förderung und »Vorschulerziehung« besonders wichtig. Deshalb ist es sinnvoll, dass Eltern sich, sofern sie eine Wahlmöglichkeit haben, die zur Auswahl stehenden Kindergärten genauer ansehen. Ein Gespräch mit den zuständigen Leiterinnen und Erzieherinnen bringt bereits im Vorfeld Klarheit über die Schwerpunkte und den Erziehungsstil. So können später viele Konflikte vermieden werden. Doch auch wenn keine Wahlmöglichkeit besteht, ist ein Gespräch vor oder bei der Anmeldung von Vorteil, weil Eltern und Erzieherinnen ihre Erwartungen klar zum Ausdruck bringen und sich in manchen Bereichen entgegenkommen können.

Es werden immer Schwerpunkte gesetzt.

Grundsätzlich werden sich die Erzieherinnen im Kindergarten bemühen, den Kindern eine ganzheitliche und allseitige Förderung zukommen zu lassen. Dass Schwerpunkte in verschiedenen Kindergärten, oft sogar in verschiedenen Gruppen eines Kindergartens, unterschiedlich gesetzt werden, ist ganz normal. Das ist abhängig von den Fähigkeiten und Neigungen der Erzieherinnen. Eine sehr sportliche oder gestalterisch geschickte Erzieherin wird die Kinder in diesen Bereichen besonders gut motivieren können. Ihre Freude an der Arbeit wird ansteckend auf die Kinder wirken und Begeisterung wecken. Das bedeutet aber nicht, dass ein anderer Aspekt ganz fehlt, weil die Erzieherin sich um Vielseitigkeit bemühen wird. Oft ergänzen sich auch die Erzieherinnen in einer Gruppe und teilen sich die Verantwortung für ein möglichst vielseitiges Angebot.

Eltern, denen das Kindergartenprogramm nicht gefällt, sollten hinterfragen, ob sie mit der pädagogischen Arbeit unzufrieden sind oder ob es eher um Nebensächlichkeiten geht. Nicht selten nehmen leider Überlegungen, die keine pädagogische Relevanz haben (wie z.B. ob im Kindergarten Tee oder Mineralwasser oder gar kein Getränk angeboten wird), einen viel zu hohen Stellenwert ein und erschweren eine gute Zusammenarbeit unnötig.

Bei einer engen und vertrauensvollen Zusammenarbeit von Anfang an stoßen sicher auch Verbesserungsvorschläge und Kritik auf offene Ohren!

Die erste Zeit im Kindergarten

Für Kind und Eltern eine Zeit des Umbruchs

Aber Mutter weinet sehr ...

Ob der Kindergartenstart problemlos verläuft, hängt auch von der Einstellung der Eltern und ihren Gefühlen ab.

Wer von uns kennt nicht das Kinderlied vom kleinen Hänschen, das sich allein und wohlgemut auf den Weg in die weite Welt macht und durch die Tränen der Mutter zur Umkehr bewegen lässt. In diesem Kinderlied steckt viel Wahrheit! Tina ist vier Jahre alt und kommt zum ersten Mal in den Kindergarten. Sie hat sich darauf gefreut und geht nach einem flüchtigen Abschiedskuss schnell in die Gruppe. Tinas Mutter fällt der Abschied offensichtlich viel schwerer – noch eine ganze Weile bleibt sie unschlüssig an der Tür stehen. Wenn Tina zu ihr sieht, winkt sie ihr. Schließlich kommt sie doch noch mal in die Gruppe und nimmt Tina zum Abschied fest in die Arme. In den folgenden Tagen wiederholt sich das Geschehen, bis Tina schließlich am vierten Tag in Tränen ausbricht, sich an ihre Mutter klammert und sie nicht mehr gehen lassen möchte.

Wenn Eltern nicht loslassen können.

Ganz offensichtlich war das Verhalten der Mutter der Auslöser für die Tränen. Und tatsächlich entstehen die Probleme beim Kindergartenstart oft gar nicht aufgrund von Unsicherheits- und Angstgefühlen bei den Kindern, sondern weil die Eltern Schwierigkeiten haben (meist die Mutter), das Kind loszulassen. Was bringt eine Mutter dazu, sich, wie eben beschrieben, zu verhalten, und warum fällt es manchen Müttern so schwer, ihr Kind im Kindergarten zurückzulassen? Tinas Mutter war in den vergangenen vier Jahren ständig mit ihrer Tochter zusammen. Manchmal hat sie sich richtig danach gesehnt, endlich ein paar Schritte ohne Tina machen zu können. Doch jetzt, da es so weit ist, kann sie sich nicht vorstellen, den Vormittag allein zu verbringen. Zu Hause nimmt sie sich vor, endlich in Ruhe ein Buch zu lesen. Aber sie kann sich einfach nicht konzentrieren – ihre Gedanken sind im Kindergarten.

So wie Tinas Mutter geht es vielen Frauen. Zunächst freuen sie sich auf die freie Zeit, um dann festzustellen, dass sie die Zeit gar nicht nutzen können, weil sie mit ihren Gedanken ständig bei ihrem Kind sind. Sie haben das Gefühl, ihre wichtigste Aufgabe verloren zu haben, und fühlen sich unausgefüllt, nutzlos und leer. Kinder spüren ganz deutlich, ob wir wirklich bereit sind, sie gehen zu lassen. Sollte die Mutter nicht schon vorher Aktivitäten entwickelt oder eine Beschäftigung, die sie ausfüllt, gefunden haben, kann es ihr vielleicht helfen, wenn sie sich für die erste Zeit einen Plan macht, was sie alles in der freien Zeit tun möchte. Auch wenn ihre Gedanken dann trotzdem häufig noch zum Kind wandern, fällt es ihr vielleicht ein wenig leichter, sich im Kindergarten zu verabschieden.

Widersprüchliche Gefühle

Toni ist dreieinhalb Jahre alt. Er lebt mit seiner allein erziehenden Mutter bei seiner Großmutter. Seit sechs Wochen besucht er den Kindergarten. Meist bringt ihn die Oma in die Gruppe, weil die Mutter berufstätig ist. Dann klappt auch alles ganz gut. Toni ist sehr gern im Kindergarten, er spielt intensiv und ausdauernd. Bei den seltenen Gelegenheiten, bei denen ihn die Mutter in die Gruppe bringen kann, macht Toni immer ein fürchterliches Theater – er weint und klammert sich an die Mutter und möchte sie am liebsten gar nicht gehen lassen. Die Mutter versucht ihn zu beruhigen und redet ihm gut zu, gleichzeitig hält sie ihn eng umschlungen. Sobald sich Toni von seiner Mutter getrennt hat, beginnt er sein Spiel. Aller Kummer scheint wie weggeblasen. Es liegt nahe, die Ursache für die Schwierigkeiten bei der Mutter zu suchen. Tonis Mutter leidet sehr darunter, arbeiten zu müssen und ihren Sohn deshalb im Kindergarten oder bei der Oma zu lassen. Manchmal ist sie fast ein wenig neidisch auf ihre Mutter, die so viel Zeit mit dem Jungen verbringen kann. Sie wünscht sich, die wichtigste Bezugsperson für ihren Sohn zu sein, und deshalb tut es ihr unbewusst gut, wenn Toni sie nicht gehen lässt. Sie fühlt sich von ihm gebraucht und geliebt. Und obwohl sie ihm versichert, dass im Kindergarten alles in Ordnung ist und er beruhigt dableiben kann, sagen ihre Mimik und ihre Gestik, ja ihre ganze Körperhaltung etwas anderes.

Manchmal signalisiert eine Mutter ungewollt, dass sie ihr Kind lieber bei sich behalten möchte. Obwohl sie durchaus positiv zum Kindergartenbesuch eingestellt ist und dem Kind dies verbal auch beteuert, fühlt sie sich traurig und allein. Kinder spüren, wie es in ihren Eltern wirklich aussieht und sie sind verwirrt, wenn ihre Eltern etwas anderes sagen, als das, was sie unbewusst fühlen. Es ist normal, dass Eltern es als Verlust empfinden, wenn sie ihr einziges Kind in den Kindergarten bringen, oder dass sie von Wehmut erfüllt sind, wenn das jüngste Kind den ersten Schritt in die Selbständigkeit tut. Manche Eltern fürchten unbewusst, weniger gebraucht oder gar überflüssig zu werden, andere befürchten, weniger Einfluss auf ihr Kind zu haben oder es Einflüssen auszusetzen, über die sie keine Kontrolle mehr haben. Und nicht zuletzt zweifeln Eltern manchmal an den Fähigkeiten der Erzieherin. Sie fragen sich, ob diese junge Frau ihrem Kind genügend Verständnis und Einfühlungsvermögen entgegenbringen kann. Es gibt viele Gründe, warum Eltern dem Kindergartenstart mit gemischten Gefühlen begegnen. Eltern sollten sich deshalb über ihre Gefühle klar werden und erkennen, wie sie in ihrem Innersten zum Kindergartenbesuch stehen. So können sie vermeiden, ihr Kind durch zweideutige Botschaften zu verwirren, und ihm den Freiraum gewähren, den es zu einer gesunden Entwicklung benötigt.

Zweideutige Botschaften können ein Kind verwirren.

Aller Anfang ist schwer

Was tun, wenn unser Kind gleich zu Beginn nicht in den Kindergarten gehen will?

Endlich ist es so weit! Seit Tagen redet Ruben von nichts anderem mehr als vom Kindergarten. Er freut sich sehr darauf. Schon bei der Anmeldung war er dabei und hat ein wenig in der Gruppe gespielt. Danach durfte er einige Male nachmittags zu Besuch in den Kindergarten kommen. Bei den ersten Besuchen blieb seine Mutter noch bei ihm, aber die letzten beiden Male störte es Ruben nicht, als sie ging und erst zur vereinbarten Abholzeit wiederkam. Die Besuche waren seiner Meinung nach meist viel zu schnell vorbei, und es schien, als wären keine Schwierigkeiten beim endgültigen Kindergartenstart zu erwarten.

In den ersten Tagen gab es tatsächlich keine Probleme, doch am vierten Tag wollte Ruben plötzlich nicht mehr in den Kindergarten. Rubens Mutter war unsicher, was sie tun sollte: Sollte sie seinem Wunsch, zu Hause zu bleiben, nachgeben, oder sollte sie auf den Kindergartenbesuch bestehen? Ein Gespräch mit der Erzieherin brachte Klarheit. Sie war der Ansicht, dass Ruben zwar kindergartenreif war, ihn aber die Fülle der neuen Eindrücke verunsicherte. Sie glaubte, dass diese Startschwierigkeiten bald vorübergehen würden, sobald sich Ruben mit der fremden Umgebung vertraut gemacht hätte, er den Tagesablauf im Kindergarten kennen würde und er wüsste, womit und mit wem er spielen könnte. Sie hielt es für sinnvoll, Ruben weiterhin regelmäßig in den Kindergarten zu bringen, damit er sich auf den täglichen Besuch einstellen konnte. Tatsächlich hatte Ruben seine Anlaufschwierigkeiten schnell überwunden, war schon bald ein wichtiges Mitglied der Gruppe und fühlte sich sehr wohl im Kindergarten.

Wenn die Fülle der Eindrücke überhand nimmt …

Trennungsschmerz oder Machtkampf?

Anja verkündete schon vor dem Kindergartenstart, dass sie nicht in den Kindergarten gehen würde. Und tatsächlich machte sie vom ersten Tag an ein großes Theater. Sobald aber die Mutter den Raum verlassen hatte, begann Anja zu spielen und fühlte sich offensichtlich wohl. Anja hatte weder Angst noch Schwierigkeiten sich von ihrer Mutter zu trennen. Es ging ihr gar nicht darum, dass sie nicht im Kindergarten bleiben mochte, sondern darum, sich gegen ihre Mutter durchzusetzen.

Oft können Außenstehende, die nicht in der Weise emotional beteiligt sind wie die Eltern, schnell erkennen, ob es sich um Trennungsschmerz oder um einen Machtkampf handelt. Es besteht der Verdacht, dass es sich um einen Machtkampf handelt, wenn es in der unmittelbaren Vergangenheit auch zu Hause häufig zu Auseinandersetzungen zwischen Eltern und Kind gekommen ist, die den Charakter einer Machtprobe gehabt haben. Zudem fühlt sich das Kind, wenn es den Kampf »verloren« hat, sofort wohl in der Gruppe, sobald die Mutter oder der Vater den Kindergarten verlassen haben.

Iris wollte schon am zweiten Tag nicht mehr in den Kindergarten, war sichtlich verzweifelt. Tatsächlich hatte auch die Erzieherin am ersten Tag beobachtet, dass Iris sich ganz in sich zurückzog und allen Begegnungen mit den anderen Kindern oder mit ihr aus dem Weg ging. Da sie selbst aber noch einige andere Neulinge zu betreuen hatte, reichte ihre Zeit kaum aus, sich besonders intensiv um Iris zu kümmern. Sie vereinbarte deshalb mit Iris' Mutter, ihre Tochter in der Anfangsphase am Nachmittag in den Kindergarten zu bringen. Da dann weniger Kinder in der Gruppe sind, konnte sie sich viel mehr mit Iris beschäftigen, sie mit dem Spielmaterial vertraut machen. Behutsam verhalf sie ihr dazu, erste Kontakte mit den anderen Kindern zu knüpfen. So konnte sich Iris, die beim Kindergarteneintritt noch stark auf ihre Mutter fixiert war, langsam lösen und mit der Zeit auch ohne die Unterstützung der Erzieherin mit den anderen Kindern spielen.

Manche Kinder brauchen mehr Unterstützung.

Kindern, die eine lange Trennung noch nicht verkraften, kann es schon eine große Hilfe sein, zu einer späteren Uhrzeit in den Kindergarten gebracht zu werden. Sprechen Sie sich mit Ihrer Erzieherin ab, wenn Probleme auftreten. Sie kann gemeinsam mit Ihnen entscheiden, was in Ihrem Fall sinnvoll ist. Sobald Ihr Kind weiß, dass Sie es regelmäßig wieder abholen, wird es sich langsam auf die längeren Trennungszeiten einstellen können. Sie sollten aber nie vergessen, gerade am Anfang pünktlich, möglichst zu Beginn der Abholzeit zu kommen, weil sehr schnell große Ängste entstehen können, wenn ein Kind nach dem anderen abgeholt wird, die eigene Mutter oder der Vater aber nicht kommen.

Ich habe oft die Erfahrung gemacht, dass es gut ist, die Trennungsphase möglichst kurz zu halten. Lange Abschiedsszenen tun Ihnen und Ihrem Kind weh. Sie helfen dem Kind kaum, sondern verunsichern es nur, weil es spürt, dass auch Sie sich ängstigen und Ihnen die Trennung schwer fällt. In einer solchen Situation gelingt es Eltern nur selten, ihr Kind zu beruhigen. Fast immer kann die Erzieherin die Kinder viel leichter und schneller ablenken, nachdem die Eltern gegangen sind. Waren die Kinder vorher ganz auf die Eltern fixiert und für die Erzieherin kaum erreichbar, lassen sie sich, sobald die Eltern gegangen sind, meist bald auf ein Spiel ein und fühlen sich zunehmend wohler.

Mit langen Abschiedsszenen ist niemandem geholfen.

Wenn der Kindergarteneintritt zum richtigen Zeitpunkt erfolgt und ein Kind genügend darauf vorbereitet wurde, entstehen nur selten länger andauernde Probleme. Dass die erste Zeit der Umstellung nicht ganz einfach ist, ist ganz normal und nicht unbedingt ein Zeichen dafür, dass ein Kind noch nicht kindergartenreif ist.

In jedem Fall ist es sinnvoll, sich mit der Erzieherin zu besprechen. Sie kann meist einschätzen, ob ein Kind kindergartenreif ist. Oder sie kann Rat geben, wie Eltern und Erzieher – im Idealfall gemeinsam – mit auftretenden Schwierigkeiten umgehen und den Kindern schnell helfen können.

Doch nicht kindergartenreif?

Viele Eltern machen sich Sorgen, weil sich ihr Kind nach dem Kindergarteneintritt plötzlich verändert.

Oft sind Kinder, die vor ihrem Kindergarteneintritt einen ausgeglichenen und glücklichen Eindruck gemacht haben, jetzt erschöpft und gereizt oder gar aggressiv.
Lisa war vor dem Kindergartenbesuch ein fröhliches, aufgewecktes Mädchen. Wenn sie jetzt aus dem Kindergarten nach Hause kam, war sie meist müde und wortkarg. Sie wollte weder von ihren Erlebnissen erzählen noch wollte sie spielen und sie brauchte geraume Zeit, bis sie sich erholt hatte.
Solche Übergangsprobleme kommen häufig vor und sollten Sie nicht allzu sehr beunruhigen. Man kann solche Veränderungen besser verstehen, wenn man sich die Situation des Kindes bewusst macht: Auf Lisa kam viel Fremdes und Ungewohntes zu – eine neue Umgebung, fremde Kinder, eine fremde Bezugsperson, die erste längere Trennung von der Mutter ... Jedes Kind braucht Zeit, um sich darauf einzustellen, und es braucht Zeit, um sich einzugewöhnen. Gerade am Anfang ist es ganz damit beschäftigt, all das Neue zu verarbeiten. Da bleibt einfach keine Energie mehr, um auch zu Hause noch viel zu unternehmen. Gönnen Sie Ihrem Kind deshalb zu Hause zunächst eine Ruhepause, in der es sich erholen und neue Kraft schöpfen kann.

Übergangsprobleme

Auf die Phase, in der das Kind erschöpft aus dem Kindergarten kommt, folgt häufig eine Zeit der Aggression. Martin, der bisher gern mit seinem Bruder gespielt hatte und der sich gut mit ihm verstand, stritt sich seit dem Kindergarteneintritt oft mit ihm und war insgesamt reizbar und aggressiv. Auch das ist gut zu verstehen: Nachdem die Kinder sich hauptsächlich beobachtend in ihrer neuen Umgebung orientiert haben, beginnen sie nun Kontakte zu knüpfen und Beziehungen aufzubauen. Das ist nicht nur anstrengend, es kommt auch hin und wieder zu belastenden Erlebnissen und Schwierigkeiten im Umgang mit den anderen Kindern. Da ist es zuweilen schwer, die ent-

stehenden Freundschaften, kleine Streitereien, den ganzen Prozess des Hineinfindens in die Gruppe zu verkraften.
Peter zum Beispiel, der gestern noch so nett war, möchte heute nicht mit Martin spielen; Susi setzt sich nur zu ihm, wenn Martin ihr sein Puzzle überlässt ... So können Aggressionen entstehen, die sich manchmal erst zu Hause entladen.
Die beschriebenen Übergangsprobleme müssen nicht unbedingt ein Zeichen dafür sein, dass es noch zu früh für den Kindergarteneintritt war. Besprechen Sie sich mit Ihrer Erzieherin, wenn Sie unsicher sind. Sie kann meist einschätzen, ob die Schwierigkeiten normal sind und ob Ihr Kind kindergartenreif ist oder nicht.

Aller Anfang ist schwer.

Für Ihr Kind ist es hilfreich, wenn Sie ihm Zeit für die Umstellung lassen und ihm dabei ruhig und verständnisvoll begegnen.

Wenn die Worte fehlen

Kindergartenneulinge verweigern manchmal den sprachlichen Kontakt zu der Erzieherin – manchmal auch zu den Eltern.

Mara ist dreieinhalb Jahre alt und seit drei Wochen besucht sie den Kindergarten. Zu Hause ist sie ein aufgewecktes Mädchen, das keine Minute still sein kann. Schon früh begann Mara zu sprechen, und nicht nur den Eltern, sondern auch den Freunden und der Kinderärztin fiel auf, dass sie über einen ungewöhnlich großen Wortschatz und eine Ausdrucksfähigkeit verfügte, die deutlich über den normalen Rahmen hinausgingen. Umso erstaunter war ihre Mutter, als sie von der Erzieherin erfuhr, dass Mara im Kindergarten von sich aus fast gar nichts sagte und Fragen nur äußerst wortkarg und ganz leise beantwortete.
Wie kommt es zu diesem Verhalten, das bei Kindergartenneulingen gar nicht so selten ist? Häufig verhalten sich Kinder so, die noch sehr auf die Erwach-

senen in der Gruppe fixiert sind: Indem sie wenig, leise oder in der Babysprache mit den Erzieherinnen sprechen, wollen sie signalisieren, dass sie noch klein sind und Hilfe brauchen. Sie bringen so ihre Unsicherheit zum Ausdruck und machen deutlich, dass sie noch besonders viel Zuwendung, Geborgenheit und Hilfe brauchen. Je mehr sie in die Gruppe hineinwachsen und der Kontakt und das Spiel mit den anderen Kindern in den Vordergrund treten, desto mehr verliert sich auch die sprachliche Verweigerung. Sie ist also meist kein Anlass zur Besorgnis: Wenn die Eltern nach einiger Zeit wieder nachfragen, erfahren sie normalerweise, dass sich das Sprachverhalten des Kindes normalisiert hat.

In den seltensten Fällen ein Anlass zur Besorgnis

Umgekehrt kommen aber nicht selten auch die Eltern der Kindergartenneulinge auf die Erzieherin zu und beklagen sich darüber, dass die Kinder gar nichts aus dem Kindergarten erzählen.

Auch Benni geht seit drei Wochen in den Kindergarten. Weil er sehr gerne dorthin geht, nimmt seine Mutter an, dass er schon Freunde und Spielpartner gefunden hat und dass ihm die Aktivitäten im Kindergarten Spaß machen. Sicher sein kann sie aber nicht, weil Benni gar nichts aus dem Kindergarten erzählt. Weder durch direkte Fragen noch über Umwege lässt Benni sich dazu verleiten, etwas Genaueres zu erzählen. Im besten Fall beantwortet er die Fragen, wie es im Kindergarten war, mit einem knappen »Gut«. Fragt die Mutter danach, was Benni im Kindergarten gemacht hat, antwortet er kurz »Gespielt« oder »Weiß ich nicht mehr«. Mehr ist beim bestem Willen nicht aus ihm herauszubekommen.

Zuhören statt ausfragen.

Sosehr Eltern sich auch wünschen, zu erfahren, was im Kindergarten vor sich geht, so gern sie auch »Freud und Leid«, also alle Erlebnisse mit ihren Kindern teilen möchten, ändern können sie an dieser Verschwiegenheit meist nichts. Es bleibt ihnen nur zu akzeptieren, dass ihre Kinder jetzt ihren ganz eigenen Bereich haben, über den sie nicht ausgefragt werden wollen und in den sie den Eltern nur so weit Einblick gewähren, wie sie es möchten.

Wichtig ist auf jeden Fall, dass die Eltern ihre Bereitschaft, zuzuhören, signalisieren, damit ein Kind etwas erzählen kann, wenn es das Bedürfnis danach hat. Manchmal, wenn wir sie nicht drängen und vielleicht gar nicht damit rechnen, erzählen sie uns etwas aus ihrer Welt – manchmal aber auch nicht!

Mit Windeln in den Kindergarten?

Wenn ein Kind in der ersten Kindergartenzeit noch nicht regelmäßig den Weg zur Toilette findet, sollte das kein Grund sein, es massiv auf »Sauberkeit« zu drillen.

Laslo ist dreieinhalb Jahre alt und geht seit einem Monat in den Kindergarten. Bis vor einer Woche trug er noch eine Windel, denn er schaffte es einfach nicht immer, sich rechtzeitig auf den Weg zur Toilette zu machen. Dass der Junge, obwohl er noch nicht trocken war, den Kindergarten besuchen konnte, ist der Offenheit seiner Mutter und dem Entgegenkommen der Erzieherin zu verdanken. Denn auch in Laslos Kindergarten ist, wie in vielen anderen Einrichtungen auch, »Trockenheit« eine Aufnahmebedingung.

Mit Druck kommen Sie nicht weiter.

Einerseits ist diese Regelung sinnvoll: Wenn sie ständig damit beschäftigt wäre, nasse Hosen zu wechseln, bedeutete dies für die Erzieherin eine große zusätzliche Belastung, besonders dann, wenn die Gruppe auch noch überfüllt ist und viele jüngere Kinder zu betreuen sind. In

vielen Kindergärten will man auf diesem Weg die Anzahl der Kinder in der Gruppe begrenzen.

Andererseits setzt diese Bedingung oft Eltern und Kinder unter Druck: Endlich ist der heiß ersehnte Platz frei geworden, und nun klappt es noch immer nicht regelmäßig mit dem Gang zur Toilette! Es ist verständlich, wenn die Eltern dann ungeduldig werden. Aber Druck ist in der Sauberkeitserziehung nicht angebracht, unter Umständen wird dadurch sogar eine Abneigung gegen den Kindergarten aufgebaut. Tatsächlich sagt es nichts über den sonstigen Entwicklungsstand eines Kindes aus, wenn es mit drei oder vier Jahren während des Spiels noch häufiger einnässt.

Von Vorbildern lernen.

Laslos Mutter sprach offen mit der Erzieherin darüber, und es wurde vereinbart, dass Laslo in die Kindergartengruppe aufgenommen wird – mit Windel. Eine gute Lösung, wie sich schnell herausstellte. Denn die Windel gab Laslo in den ersten Tagen Sicherheit, und schon nach kurzer Zeit brauchte er sie nicht mehr; das Vorbild der anderen brachte den Jungen dazu, regelmäßig und rechtzeitig die Toilette aufzusuchen.

Wenn Ihr Kind noch eine Windel braucht, aber sonst »kindergartenreif« wirkt: Sprechen Sie mit der Erzieherin, schlagen Sie ihr vor, ihn mit Windel in den Kindergarten zu schicken! Und vermeiden Sie es, einen schnellen Erfolg herbeiführen zu wollen, indem Sie Ihr Kind unter Druck setzen, z.B. mit der Begründung, dass nur »trockene« Kinder in den Kindergarten gehen können. Sinnvoller ist es, den gesamten Entwicklungsstand des Kindes zu berücksichtigen. Und wenn es wirklich noch nicht reif ist für den Kindergartenbesuch, sollte es die Möglichkeit haben, zu Hause zu bleiben. Bei berufstätigen Eltern könnte hier vielleicht die Oma oder eine Tagesmutter die Zeit bis zum Kindergarteneintritt überbrücken.

Mein Kind macht nicht mit!

Während der Eingewöhnungszeit beobachten viele Kinder zunächst einmal nur das Geschehen, um sich mit der neuen Situation vertraut zu machen.

Gerade zu Beginn der Kindergartenzeit machen sich viele Eltern Sorgen, weil ihr Kind an den gemeinsamen Spielen und Beschäftigungen noch nicht teilnehmen möchte, es bei vielen Basteleien noch nicht mitmacht. Sie fragen sich, ob ihr Kind noch nicht reif genug für den Kindergarten ist oder ob es etwas Wichtiges versäumt – sollte es nicht das Gleiche wie die anderen Kinder können und tun? Es ist jedoch ganz normal, dass sich Kinder zunächst in ihrer neuen Umgebung orientieren, dass sie sich abwartend und zögernd verhalten, bis sie einschätzen können, was von ihnen erwartet wird. Sie müssen langsam ausreichend Sicherheit und Selbstvertrauen entwickeln, um sich ohne Angst vor Misserfolgen an eine neue Aufgabe heranzuwagen.

Lisa ging seit sechs Wochen in den Kindergarten. Im Freispiel fand sie sich inzwischen gut zurecht, sie kannte schon viel Spielmaterial und fand schnell Spielpartner. Nur im Stuhlkreis, in dem die Kinder mit Sing- und Tanzspielen den Vormittag ausklingen ließen, wollte Lisa noch nicht mitmachen. Sie sah mit offensichtlicher Freude dem Tun der anderen Kinder zu, doch sobald die Reihe an ihr war, wehrte sie schnell ab. Da sich immer die gleichen Spiele wiederholten, kam der Tag, an dem sich Lisa ihrer Sache so sicher war, dass sie über ihren eigenen Schatten sprang und mitmachte. So konnte Lisa ohne Druck und ohne Zwang und vor allem ohne Angst vor Misserfolgen den für sie geeigneten Zeitpunkt abwarten. Kinder brauchen dazu unterschiedlich lange, bei den einen ist der richtige Zeitpunkt sehr schnell gekommen, bei den anderen lässt er etwas länger auf sich warten.

Lassen Sie Ihrem Kind Zeit!

Die Erzieherin wird versuchen, den Kindern diese Erfahrung zu erleichtern, indem sie sie bestärkt und ihnen Hilfe anbietet, ohne sie zu sehr zu drängen. Auch bei Robin hat sich gezeigt, dass es richtig ist, jedem Kind ganz individuell so viel Zeit zu lassen, wie es benötigt: Robin machte im Kindergarten bei fast allem begeistert mit und fiel durch sein ausdauerndes und phantasievolles Spiel auf. Nur im gestalterischen Bereich traute er sich gar nichts zu. Ganz egal, ob es darum ging, etwas zu malen, zu schneiden oder zu falten, Robin beteiligte sich nicht daran. Mit immer kleiner werdendem »Sicherheitsabstand« und wachsendem Interesse sah er den anderen Kindern zwar bei diesen Beschäftigungen zu, mitmachen wollte er aber nicht. Eines Tages zeigten die Bemühungen der Erzieherin aber Wirkung. Robin wusste aufgrund seiner ausgiebigen Beobachtungen, dass die Erzieherin ihm auf jeden Fall helfen würde, falls er allein nicht weiterkäme, und er hatte dadurch an Sicherheit gewonnen. Er hatte erfahren, dass für die Erzieherin nicht das korrekte Ergebnis seiner Bemühungen im Vordergrund stand, sondern dass allein der Weg dorthin zählte und dass jeder seinen Fähigkeiten entsprechend gestalten konnte und durfte. Erst aufgrund seiner Beobachtungen konnte er ohne Angst vor Misserfolgen auf etwas für ihn Neues zugehen.

Es kommt also darauf an, von den Kindern gerade am Anfang nicht zu viel zu erwarten. Eltern und Erzieher sollten Geduld haben und sich bemühen, ihre Kinder nicht zu drängen. Kinder fühlen sich durch häufige Fragen nach Bildern, Bastelarbeiten, neuen Liedern und Spielen oft in die Enge getrieben und unter Erfolgszwang. Sie können leicht die Freude an den Beschäftigungen im Kindergarten verlieren. Die Leistungsbereitschaft wird sich aber wie von selbst einstellen, wenn die Zeit dafür reif ist und die Kinder die nötigen Hilfestellungen erhalten haben, um Spaß an den verschiedensten Beschäftigungen zu finden.

Am Anfang sollten keine zu hohen Erwartungen stehen.

Konkurrenz zum Elternhaus?

Wenn die Zuneigung eines Kindes zur Erzieherin allzu groß wird, reagieren viele Eltern besorgt: Wird dadurch die Bindung an die Familie gelockert?

Was hat die Erzieherin eigentlich so Besonderes an sich, dass sie von einigen Kindern geradezu »vergöttert« wird? Viele Eltern fragen sich das, wenn ihr Kind wieder und wieder mit überschwänglicher Begeisterung von seiner Erzieherin spricht. Was sie sagt und tut, scheint das einzig Richtige zu sein. Und manche Eltern – gerade die Mütter – fühlen sich bei solchem Enthusiasmus ein wenig unbehaglich: Hat die Erzieherin am Ende ein besseres Verhältnis zu meinem Kind als ich …? Ich verstehe dieses Gefühl der Eltern sehr gut. Aber es gibt keinen Grund zu befürchten, dass das Kind seinen Eltern jetzt weniger Liebe entgegenbringt oder dass die Beziehung weniger eng wird. Das Kind zeigt vielmehr, dass es den Kindergarten positiv erlebt. Und darüber können sich Eltern wirklich freuen.

Werten Sie die Begeisterung Ihres Kindes positiv!

Die Erzieherin hat eine zentrale Stellung im Leben des Kindes eingenommen. Sie war es, die dem Kind geholfen hat, sich in der fremden Umgebung zurechtzufinden. Sie hat das Kind bei seinen Versuchen unterstützt, das Spielmaterial kennen zu lernen, erste Kontakte zu knüpfen und den Umgang mit den anderen Kindern zu üben. Dadurch ist sie in dieser Lebensphase zu einer wichtigen Person geworden. Sie ist so etwas wie eine Schlüsselfigur für diesen – gelungenen – Entwicklungsabschnitt. Ich glaube, dass mit der Bewunderung gar nicht so sehr die Person der Erzieherin gemeint ist, sondern dass diese Bewunderung vielmehr die Freude darüber ausdrückt, diesen Schritt gemeistert zu haben.

Eine gute Beziehung zur Erzieherin ist Gold wert.

Kinder lernen durch Nachahmung. Und sie werden Menschen besonders gerne nachahmen, mit denen sie sich identifizieren können und zu denen sie innerlich einen Bezug haben. Wenn Ihr Kind seine Erzieherin mag, wird sie oft allein durch ihr Vorbild das Verhalten Ihres Kindes prägen. Macht ihr ein Spiel, ein Lied, eine Beschäftigung Freude, so wird sie allein dadurch das Interesse der Kinder wecken. Der kindliche Horizont wird durch eine gute Beziehung zur Erzieherin erweitert und bereichert. Auch wenn die Eltern das als schmerzhaft empfinden: Das Streben nach Selbständigkeit ist eines der wichtigsten Erziehungsziele.

Vor diesem Hintergrund wird es Sie bestimmt weniger erschrecken, wenn Sie plötzlich das eine oder andere nicht mehr »gut genug« machen – und die Erzieherin eben einfach alles kann und weiß ...

Frau Abel ist viel netter als du!

»Im Kindergarten darf ich viel mehr, die Erzieherin findet alles toll, was ich mache, und du meckerst dauernd ...« Lassen Sie sich durch solche Klagen Ihrer Kinder verunsichern?

Seit Franz in den Kindergarten geht, bekommt seine Mutter öfter mal solche oder ähnliche Klagen zu hören, wenn sie mit ihrem Sohn nicht so ganz einer Meinung ist. Jedes Mal versetzt ihr das einen Stich, und am liebsten möchte sie dann nachgeben, um ihr gutes Image und die Zuneigung ihres Kindes nicht zu verlieren.

Eltern von Kindern, die noch nicht allzu lange in den Kindergarten gehen, erleben solche Situationen besonders häufig. Die Ablösung von zu Hause ist gelungen. Und die Erzieherin, die bei diesem Prozess eine wichtige Rolle gespielt hat, wird nun geradezu vergöttert.

Doch auch Eltern, deren Kinder schon länger den Kindergarten besuchen, sind solche Vorwürfe nicht fremd. Die Erzieherin erlaubt Dinge, die zu Hause verboten sind, sie schimpft nicht in den gleichen Situationen, sie spielt öfter mit ... Wenn solche Anklagen noch nach der ersten Phase des »Anhimmelns« häufig vorkommen, sollte man darüber nachdenken, ob sich vielleicht der eigene Erziehungsstil von dem des Kindergartens stark unterscheidet. Kleine Unterschiede können die Kinder verkraften, völlig unterschiedliche Richtungen aber verwirren sie – und sind Anlass dafür, den einen Stil gegen den anderen auszuspielen. Es ist deshalb wichtig, schon frühzeitig über die Erziehungsziele und den Erziehungsstil zu sprechen, bei der Anmeldung etwa oder einem Einführungsabend. Zumindest in den wichtigsten Punkten sollte zwischen Elternhaus und Kindergarten Übereinstimmung herrschen.

In den wichtigsten Punkten sollte bei Erziehungsfragen Übereinstimmung herrschen.

Franz, der Junge in unserem Beispiel, hat seine Mutter lange Zeit immer wieder verunsichert: »Aber bei Frau B. darf ich das immer!«, ließ er bei nahezu jedem Verbot verlauten. Doch mit der Zeit begann die Mutter an diesen Aussagen zu zweifeln, und in einem Gespräch mit der Erzieherin kam heraus, dass Franz in den meisten Fällen tüchtig übertrieben hatte. Er hat gespürt, dass er die Betroffenheit seiner Mutter ausnutzen und sie dadurch leichter umstimmen konnte. Nachdem sie mit der Erzieherin gesprochen hatte, wurde Franz' Mutter wieder konsequenter im Umgang mit ihrem Sohn, und der gab daraufhin seine Versuche auf, die Mutter unter Druck zu setzen.

Konsequente Regeln

Wenn Eltern und Erzieher an einem Strang ziehen, kann das Kind nicht so leicht die einen gegen die anderen ausspielen. Aber selbst wenn im Kindergarten andere Regeln gelten als zu Hause, wird ein Kind die Regeln und Grenzen seiner Eltern eher akzeptieren, wenn es spürt, dass sie sie konsequent vertreten und durchsetzen werden.

Das machen wir jetzt auch so!

Sollten Regeln und Rituale aus dem Kindergarten zu Hause übernommen werden?

»Seit Marina in den Kindergarten geht, verlangt sie ständig von mir, dass ich mir eine Kette umhänge, bevor ich auf die Toilette gehe. Und wenn die Oma uns besucht, besteht sie selbst bei ihr darauf. Müssen wir denn die Regeln und Rituale aus dem Kindergarten jetzt auch zu Hause praktizieren?«

Sicher nicht! Die so genannte »Klokette« hat in meiner Gruppe eine ganz bestimmte Funktion: Sie soll, wenn ich allein in der Gruppe bin und schlecht den Raum verlassen kann, verhindern, dass sich mehrere Kinder auf der Toilette verabreden können, wo sie womöglich eine Riesenüberschwemmung veranstalten oder sich beim beliebten »Über-die-Trennwand-Spitzeln« durch Stürze verletzen. Das Ritual, die »Klokette« umzuhängen, wird also zu Hause kaum nötig sein.

Es ist natürlich nicht damit getan, die Regeln und Rituale aus dem Kindergarten als Unfug abzutun, vielmehr sollten Sie mit den Kindern den Sinn die-

Regeln erklären.

ser Regeln hinterfragen und ihnen die verschiedenen Bedürfnisse einer großen Kindergruppe und der Familie bewusst machen. Solche Unterschiede können den Kindern durchaus verdeutlicht werden!

Einige Gewohnheiten aus dem Kindergarten können sicher auch zu Hause sinnvoll angewandt werden. So hilft es zum Beispiel den Kindern, sich auf das Ende eines Spiels einzustellen, wenn es bereits einige Zeit vorher angekündigt worden ist.

Sollten Ihre Kinder Regeln und Rituale aus dem Kindergarten in die Familie einbringen, betrachten Sie dies einfach als eine Gelegenheit, gemeinsam mit Ihrem Kind über die Bedürfnisse in Ihrer Familie zu sprechen. Vielleicht ist für Sie die eine oder andere Anregung dabei, die Sie der Situation in Ihrer Familie anpassen möchten und die so zu einer Bereicherung wird: Sei es, am Frühstückstisch eine Geburtstagskerze anzuzünden, das Geburtstagskind hochleben zu lassen oder gemeinsam zu singen oder zu beten ... Möglichkeiten gibt es viele!

Wichtig bleibt in jedem Fall, dass Sie, genauso wie die Erzieherin, Unterschiede erklären und dass Sie fremde Gepflogenheiten nicht abwerten, sondern ihnen mit Toleranz begegnen. Sie vermeiden dadurch, dass sich Ihre Kinder hin und her gerissen fühlen und unnötig verunsichert werden.

Marco hat gesagt ...

Wenn ein Kind ein älteres Kind im Kindergarten zum Vorbild hat: ein Grund zur Sorge?

Flori ist vier Jahre alt und besucht seit einiger Zeit den Kindergarten. Er geht gern dorthin. Trotzdem macht sich seine Mutter Sorgen: Flori hat ein Idol, sein großes Vorbild ist der fast zwei Jahre ältere Marco. Alles, was Marco sagt und macht, ist für Flori von Bedeutung. Hält Marco ein Spiel für »Baby-

kram«, möchte auch Flori es nicht mehr spielen; gefällt Marco Floris Mütze nicht, möchte er sie nicht mehr tragen ... Bis zu seinem Kindergarteneintritt schien Flori recht selbstbewusst zu sein, er wusste, was ihm Spaß machte und was ihm gefiel. Wie kommt es zu diesem veränderten Verhalten? Muss es Anlass zur Sorge sein?
Es kommt nicht selten vor, dass sich jüngere Kinder im Kindergarten, genau wie Flori, ein Vorbild suchen. Flori hat sich recht gut im Kindergarten eingelebt, er besitzt aber noch nicht das nötige Selbstvertrauen, um seinen Platz in der Gruppe zu finden und sich auch zu behaupten. Sehr wohl aber hat er die Gruppenstruktur durchschaut: Er weiß, welches von den älteren Kindern in der Gruppe ein besonderes Ansehen genießt, auf wen die anderen hören, wer etwas zählt. Er weiß, wer bei den anderen Kindern beliebt ist.
Was er aus eigener Kraft noch nicht schafft, nämlich seinen Platz in der Gruppe zu behaupten, versucht Flori zu erreichen, indem er sich einem so »wichtigen« Kind anschließt. Er versucht, Marco für sich einzunehmen, und ist häufig in seinem »Gefolge« zu finden, um auf diese Weise vielleicht an dessen Position in der Gruppe teilhaben zu können und seine eigene Position zu festigen. Meist handelt es sich bei einem solchen Verhalten um ein vorübergehendes Problem, weil das jüngere Kind bald spürt, dass seine Rolle auf Dauer nicht befriedigend ist und nicht zum gewünschten Erfolg führt. Um dem Kind aus dieser Phase herauszuhelfen, wird die Erzieherin versuchen, sein Selbstvertrauen zu stärken, indem sie seine eigenen Interessen und Stärken besonders anerkennt und verstärkt. Sie wird das Kind immer wieder zu Spielen mit anderen Kindern motivieren. So erkennen Kinder wie Flori mit der Zeit, dass ihre eigene Persönlichkeit anerkannt und geschätzt wird. Sie können die Erfahrung machen, dass die anderen Kinder um ihrer selbst willen gerne mit ihnen spielen.

Selbstvertrauen stärken.

So war es auch bei Flori. Er hat sich Schritt für Schritt von Marco gelöst, und obwohl er noch immer gerne mit ihm spielt, hat Marcos Vorbild für ihn doch an Bedeutung verloren.
Ein ähnliches Verhalten, wie Flori es gezeigt hat, ist bei jüngeren Kindern und »Kindergartenneulingen« recht häufig vorübergehend zu beobachten

und kein Grund zur Sorge, weil es den Kindern hilft, sich anfangs in der Kindergruppe zu orientieren. Sollte es aber länger anhalten oder sollte schon vor dem Kindergarteneintritt aufgefallen sein, dass sich ein Kind ständig ein Vorbild sucht, ist es sinnvoll, wenn sich Eltern und Erzieher miteinander austauschen, um eventuell tiefer liegende Ursachen zu suchen und dem Kind helfen zu können.

Katja hat Windpocken!

Warum es wichtig und sinnvoll ist, die Erzieherin im Kindergarten über Krankheiten oder Urlaub zu informieren.

Seit vier Tagen fehlt Katja im Kindergarten. Da sie schon öfter unentschuldigt gefehlt hat, wenn ihr Vater Urlaub hatte oder ihre Großeltern zu Besuch waren, denkt sich die Erzieherin nichts dabei. Erst als auch Heike, Beate und Bernd fehlen, weil sie an Windpocken erkrankt sind, ahnt die Erzieherin, dass Katja ebenfalls daran erkrankt sein könnte.

Obwohl Kinder im Kindergarten nicht wie in der Schule zwingend entschuldigt werden müssen, ist es doch sehr wichtig, die Erzieherin über Fehlzeiten zum Beispiel wegen einer Krankheit oder wegen Urlaubs zu informieren.

Als Alexandra an Masern erkrankt ist, ruft ihre Mutter kurz im Kindergarten an und informiert die Gruppenleiterin. Nicht nur, dass die Erzieherin nun Kenntnis davon hat, warum Alexandra fehlt, sie kann auch eher abschätzen, wie lange sie fehlen wird.

Der Kindergarten sollte über Fehlzeiten informiert werden.

Gerade wenn ansteckende Kinderkrankheiten die Ursache für ein Fernbleiben vom Kindergarten sind, ahnt die Erzieherin oft schon, dass sich noch andere Kinder angesteckt haben könnten. Sie kann dann die Eltern schon nach Auftreten der ersten Symptome rechtzeitig in Kenntnis setzen und, sofern es sich um besonders ansteckende Krankheiten handelt, ihre Arbeit in der Gruppe darauf ausrichten. Wenn ansteckende Krankheiten im Kindergarten auftreten, wird sie zum Beispiel nicht gerade einen Besuch beim Bäcker planen.

Als Frau Maier und kurz darauf auch Frau Huber im Kindergarten angerufen haben, um ihre Kinder wegen einer solchen Kinderkrankheit zu entschuldigen, hat die Erzieherin gerade noch rechtzeitig ein für die folgende Woche geplantes Picknick zurückstellen können. Und tatsächlich waren am vorgesehenen Tag noch weitere drei Kinder krank, so dass auch sie nicht an dem Picknick hätten teilnehmen können. Wenn möglich, wird eine Erzieherin Beschäftigungen, von denen sie weiß, dass sie bei den Kindern besonders beliebt sind, auf einen späteren Zeitpunkt verschieben. Sie möchte auf diese Weise vermeiden, dass die Kranken traurig sind, weil sie nach ihrer Genesung davon erfahren und nicht daran haben teilnehmen können.

Wenn die Erzieherin informiert ist, kann sie besser planen.

Nicht zuletzt wird sie auch keine Beschäftigungen, bei denen ihrer Meinung nach alle Kinder unbedingt dabei sein sollten, für diese Zeit vorsehen.

Und noch einen Vorteil hat es, wenn der Kindergarten den Grund der Abwesenheit erfährt: Handelt es sich um ein Fehlen wegen Urlaubs oder Krankheit, können auch die anderen Kinder, gerade die Freunde der Fehlenden, informiert werden, die oft sehnsüchtig, aber vergeblich auf ihre Spielkameraden warten.

Als Maximilian wegen einer Blinddarmoperation im Krankenhaus war, haben die Kinder seiner Gruppe sich nicht nur sehr intensiv damit beschäftigt, was der Krankenhausaufenthalt wohl für Maximilian bedeutet und wie sie sich an seiner Stelle fühlen würden, sie haben auch mit Feuereifer ein Buch mit vielen gemalten und gebastelten Genesungswünschen gestaltet. Ich bin sicher, dass sich Maximilian sehr darüber gefreut hat, und gleichzeitig hat er auf diese Weise erfahren, dass er viele Freunde hat, die an ihn denken und die ihn vermissen. Das hat seinen Wiedereinstieg in die Gruppe bestimmt erleichtert.

Ein Tag im Kinder-garten

Freispiel – was ist das?

Wenn Kinder spontan und aus eigenem Antrieb im Kindergarten spielen, sind manche Eltern verunsichert: Werden unsere Kinder dadurch ausreichend gefördert?

Das Spiel ist für ein Kind die wichtigste Lebens-, Erlebens- und Lernform. Im Spiel entwickelt und entfaltet es seine Kräfte und Fähigkeiten. Es spürt dabei sehr genau, ob die Erwachsenen sein Spiel ernst nehmen oder ob sie es als »Mittel zum Zweck« sehen, ihm Lerninhalte zu vermitteln. Den Erwachsenen ist das ungelenkte, archaische Spielverhalten von Kindern nämlich oft ein wenig unheimlich: Sie möchten so früh wie möglich aus dem Spiel eine strukturierte Tätigkeit werden lassen, sie wollen ihre eigenen Lebensstrukturen im kindlichen Spiel wieder finden und sie wollen Lerninhalte vorherbestimmen. Viele Erzieherinnen haben mittlerweile schon erkannt, dass das spontane Spiel, das sich aus dem eigenen kindlichen Impuls entwickelt, wichtige Lernschritte ermöglicht. Darum gewinnt das »Freispiel« im Kindergarten heute an Bedeutung.

Was heißt eigentlich »freies Spielen«? Das Kind kann seinen Bedürfnissen entsprechend spielen mit wem, wann, wie lange, wo und wie es möchte. Es bedeutet ganz gewiss nicht, dass Kinder sich irgendwie beschäftigen – wenn auch beaufsichtigt. Vielmehr werden von der Erzieherin Bedingungen geschaffen, die es dem Kind ermöglichen, sich selbst ganzheitlich zu fördern: emotional, sozial, intellektuell und körperlich. Das lässt sich an einer ganz alltäglichen Spielsituation im Kindergarten verdeutlichen: Anita und Holger gehen gemeinsam zum Bauteppich. Nach einigem Überlegen und mehreren verworfenen Bauvorhaben entschließen sie sich, einen Zoo zu bauen. Nun gehen sie zur genauen Planung über: Welche Tiere sollen im Zoo sein? Wie werden sie untergebracht? Braucht das Nilpferd eigentlich Wasser ...? Schließlich wird mit dem Zoobau begonnen. Der Zaun um das Giraffengehege stürzt mehrmals ein; gemeinsam schaffen es die beiden aber, ihn stabil zu errichten. Anita hat mit ihrem Löwenkäfig keinen Erfolg, bis sie schließlich verärgert und enttäuscht aufgibt und ein Klettergerüst für die Affen konstruiert. Zufrieden mit ihrem Werk hat sie neuen Mut geschöpft und wagt sich noch einmal an den Löwenkäfig. Und plötzlich hat sie den richtigen Dreh gefunden; der Zoobau kann abgeschlossen werden.

Sehen wir uns diesen Spielverlauf einmal näher an, stellen wir fest, dass sich den Kindern dabei unzählige Lernmöglichkeiten aufgetan haben: Schon bei der Planung setzen sie sich mit den verschiedenen Bedürfnissen der Zootiere auseinander. So wird nicht nur das Fachwissen der Kinder erweitert, auch die Sprachentwicklung wird gefördert, weil vieles besprochen und erklärt, weil argumentiert und überzeugt werden muss. Die Geschicklichkeit der Hände wird durch das Aufeinandersetzen der Bausteine, das Aufstellen der Tiere und die vielen anderen Handgriffe geübt. Ganz nebenbei lernen sie Größen und Mengen richtig einzuschätzen. Selbst einige Grundbegriffe der Statik werden von ihnen erfasst. Die Spielpartner üben außerdem, einander zuzuhören und Kompromisse zu schließen. Ganz selbstverständlich helfen sie einander und erleben Freude am eigenen und gemeinsamen Tun. Sach- und Sozialerfahrungen werden gemacht und verinnerlicht.

Das Freispiel eröffnet vielfältige Lernmöglichkeiten.

Anita kann ihre Versuche, den Löwenkäfig aufzubauen, so oft wiederholen, wie sie will – ohne den Zwang, Erfolg haben zu müssen. Sie macht dabei die Erfahrung, dass es sich lohnt, sich anzustrengen und nicht aufzugeben. Dabei wird sie Selbstsicherheit und Selbstvertrauen entwickeln, sie traut sich immer mehr zu. Nur aus dieser Zuversicht heraus können sich Lernbereitschaft und Freude an der Arbeit entwickeln. Natürlich muss Freispiel nicht heißen, dass die Erwachsenen sich um jeden Preis aus dem Spielgeschehen heraushalten. Sie können auf Fragen antworten und Anregungen geben, sie können die Kinder ermutigen, bei Konflikten Lösungsmöglichkeiten zu suchen. Dazu braucht die Erzieherin viel Einfühlungsvermögen, das sich nur aus der genauen Beobachtung des Spiels entwickeln kann. Werden diese Bedingungen erfüllt, sind die Lernmöglichkeiten des Freispiels wesentlich vielfältiger als die gezielte, oft einseitige Förderung durch geplante Beschäftigungen oder Lernspiele!

Mehr als vier Wände

Nicht immer lässt sich der Gruppenraum nach den Bedürfnissen der Kinder einrichten. Jedoch sollte er verschiedene Möglichkeiten zu bieten haben.

Martina und Andreas haben sich still in die Kuschelecke zurückgezogen, und nun liest Martina Andreas ein Buch vor. Die Atmosphäre ist entspannt. Die beiden genießen ihre ungestörte Zweisamkeit.
Otto, Sabine und Ursula verbringen schon den ganzen Vormittag in der Bauecke. Sie haben eine riesige Stadt gebaut, mit allem, was dazugehört. Als es Zeit ist aufzuräumen, können sie sich fast nicht losreißen. Aber sie wissen, dass sie am Nachmittag oder am nächsten Morgen weiterbauen können.
Tobias und Roland formen am Mal- und Basteltisch schreckliche Ungeheuer, für die Sandra und Max Höhlen malen und basteln.
Der Gruppenraum ist in verschiedene Einheiten gegliedert. Dadurch werden die einzelnen Spielbereiche betont. Die Kinder können sich aufteilen und stören sich kaum untereinander. Der Gestaltung des Raumes kommt pä-

dagogische Bedeutung zu. Sie wirkt sich auf das Spielverhalten und auf die Entwicklungsmöglichkeiten der Kinder aus. Ein gut gestalteter Raum unterstützt und fördert also die pädagogische Arbeit im Kindergarten und in Spiel- und Krabbelgruppen. Bevor man sich an die Gestaltung macht, muss man sich die Bedürfnisse der Kleinen, die dort spielen, bewusst machen: Die Kinder kommen aus der Familie und sind große Gruppen in der Regel nicht gewöhnt. Erst langsam wachsen sie in den neuen Lebensbereich hinein. Deshalb ist es sinnvoll, wenn sie nicht nur kleine Spiel- und Interessengruppen bilden können, sondern sich auch zurückziehen, allein spielen, sich ausruhen oder einfach zugucken können. Das ist nur möglich, wenn die Räume nicht völlig einsehbar sind. Bietet der Grundriss sie nicht an, lassen sich Nischen, Winkel, Spielecken auch nachträglich durch geschickte Anordnung von Möbeln oder Raumteilern schaffen.

Verschiedene Spielbereiche

Erzieher im Kindergarten oder Eltern, die eine Spiel- oder Krabbelgruppe gründen, sehen es als ihre Aufgabe an, den Kindern in verschiedenen Bereichen die Gelegenheit zu geben, sich einerseits zu entfalten und sich andererseits auch anzupassen. Sie sollten in der Gruppe schrittweise Selbständigkeit und Unabhängigkeit entwickeln und zugleich soziale Verhaltensweisen kennen lernen sowie üben. Welche Möglichkeiten sollten nun Kinder in der Gruppe unbedingt realisieren können?

Puppen-, Familien- und Rollenspiel verlangen einen eigenen Spielbereich, der Geborgenheit und Abgeschlossenheit vermittelt, der ihnen aber gleichzeitig die Möglichkeit zur Ausdehnung auf andere Bereiche offen lässt.

Bauen, ohne vom Durchgangsverkehr gestört zu werden, mit der Möglichkeit, Gebautes stehen lassen zu können, um später daran weiterzuarbeiten.

Malen, Basteln, Werken und Gestalten, nicht nur am Tisch, sondern auch mal in einem größeren Rahmen, zum Beispiel in einer Gemeinschaftsarbeit.

Bewegung und Tanz müssen ebenso möglich sein wie das Betrachten von Bilderbüchern und andere ruhige Beschäftigungen.

Das Spiel- und Bastelmaterial sollte allen Kindern zur freien Verfügung stehen, zu überblicken sein und auffordernden Charakter haben.
Den Wünschen stehen aber die tatsächlichen Gegebenheiten oft gegenüber. Was dann im Einzelnen verwirklicht werden kann, hängt – außer von den baulichen Voraussetzungen – auch noch von den Bedürfnissen der Kinder und den Zielen der Erziehung ab. Die Gestaltung des Raumes sollte darauf gerichtet sein, selbständiges und initiatives Handeln zu erleichtern und den Kindern möglichst viel Spielraum zu geben.

Kinder brauchen viel Spielraum.

Raum für Erfahrung

Durch die Praxis der »offenen Gruppen« im Kindergarten kann sich ein Mehr an Möglichkeiten ergeben. Zum Chaos führen sie nicht.

Ausnahmsweise holt Frau Hiller ihre Tochter Ina früher als üblich vom Kindergarten ab. Sie ist überrascht, Ina nicht in ihrer Gruppe, sondern in einer anderen anzutreffen, in der sich auch die Erzieherin aus Inas Gruppe aufhält. Später bei einem Gespräch erfährt Frau Hiller, dass sich die Erzieherinnen im Kindergarten entschlossen haben, die einzelnen Gruppen am Nachmittag zu öffnen.
Im Kindergarten die Gruppen zu öffnen wird immer häufiger praktiziert. Im Sommer ist das gruppenübergreifende Miteinanderspielen selbstverständlich, wenn alle Kinder sich im Garten treffen. Das soll auch in den Räumen des Kindergartens möglich werden. So können nicht nur Freundschaften zwischen den Mitgliedern verschiedener Gruppen geschlossen oder aufrechterhalten werden, sondern die Kinder können neue Spielbereiche erobern. Zudem lernen sie, sich auf andere Bezugspersonen einzustellen.

Gruppenübergreifendes Miteinander

Ein Beispiel: Aaron kam sehr früh in den Kindergarten. Da er noch nicht kindergartenreif war, hatte er Schwierigkeiten, sich in die Gruppe zu integrieren. Die Erzieherin konnte nicht verhindern, dass er bald eine Außenseiterrolle einnahm. Als Aaron später auch nachmittags in den Kindergarten kam, waren die offenen Gruppen für ihn eine Chance, sich aus seiner Rollenfixierung zu lösen: Die Kinder der Nebengruppe sahen ihn mit anderen Augen. Sie bezogen ihn ganz selbstverständlich in ihr Spiel mit ein. Dieses aufgeschlossene und vorurteilsfreie Verhalten wirkte im Laufe der Zeit auf die Kinder seiner eigenen Gruppe. Auch sie entdeckten, dass es möglich war, mit Aaron zu spielen, und sie waren mehr und mehr bereit, Aaron wieder in die Gruppe zu integrieren.

Das klingt recht positiv. Trotzdem fragen sich manche Eltern, ob bei offenen Gruppen nicht die Gefahr besteht, dass die Kinder keine Bindung zu einer Bezugsperson aufbauen können – und die Kinder im schlimmsten Fall sogar tun können, was sie wollen, weil sich niemand für sie zuständig fühlt.

Eine wichtige Voraussetzung ist, dass sich die Kinder in ihrer eigenen Gruppe gut zurechtfinden.

Diese Bedenken sind verständlich. Um gerade Kindergartenneulingen den Einstieg in den Kindergarten und das Finden einer Bezugsperson zu erleichtern, ist es sicher sinnvoll, darauf zu achten, dass die Kinder einen festen Ansprechpartner haben. Ich halte es für vorteilhaft, die Gruppen erst zu öffnen, wenn die Neuen sich in ihrer eigenen Gruppe gut zurechtfinden und so viel Sicherheit gewonnen haben, dass sie sich weiter öffnen wollen.

Es ist sicher nötig, dass alle Erzieher die wichtigsten Regeln absprechen, um die Kinder nicht unnötig zu verwirren, und dass sie einen konsequenten Erziehungsstil beibehalten. Kleinere Unterschiede können die Kinder sicher verkraften, ohne dass dabei das »Chaos« entsteht.

Erzieher können sich untereinander austauschen.

Die Öffnung der Gruppen hat einen ganz besonderen Vorteil: die Erzieher können Beobachtungen und Informationen über einzelne Kinder austauschen. Das ist bei einer intensiveren Beobachtung von Vorteil und auch hilfreich, das eine oder andere Problem einmal von einer anderen Seite zu beleuchten. So wird die Gefahr geringer, Entwicklungsschritte bzw. -rückschritte oder Veränderungen bestimmter Verhaltensweisen zu übersehen. Selbstverständlich sollte der Ansprechpartner für die Eltern klar sein. Deshalb werden die Kinder nach wie vor in Gruppen aufgeteilt und von ihrem Erzieher beobachtet und betreut. Unter diesen Voraussetzungen stellen die offenen Gruppen eine gute Möglichkeit dar, den Kindern zusätzliche Erfahrungsräume zu erschließen.

Frühstück für alle?

Das so genannte »gleitende Frühstück« im Kindergarten hat Vor- und Nachteile. Was ist, wenn Kinder nichts essen wollen?

Pamela geht seit sechs Wochen in den Kindergarten. Bisher hat sie noch kein einziges Mal dort gegessen, obwohl ihre Mutter gemeinsam mit ihr täglich etwas einpackt, was Pamela gerne isst. Da Pamela am Morgen ein ausgiebiges und gesundes Frühstück zu sich nimmt, ist ihre Mutter aber nicht weiter besorgt. Anders die Mutter von Holger: Obwohl Holger schon zu Hause nicht frühstücken möchte und nur eine Tasse Tee oder Kakao trinkt, bringt er sein Brot fast täglich wieder mit nach Hause. Holgers Mutter wäre froh, wenn im Kindergarten gegessen würde. Sie hofft, dass ihr Sohn eher Appetit entwickelt,

wenn er die anderen Kinder essen sieht. Trotz dieser möglichen Vorteile des gemeinsamen Frühstücks wird in den meisten Kindergärten das so genannte »gleitende Frühstück« praktiziert.

Aus gutem Grund: Die Kinder sollen auch in diesem Bereich zu möglichst großer Selbständigkeit und Selbstbestimmung geführt werden. Schließlich sollte jeder dann essen können, wenn er Hunger hat. Im Kindergarten kann das im Gegensatz zur Schule zu unterschiedlichen Zeiten möglich sein, weil die Kleinen ja auch zu unterschiedlichen Zeiten in den Kindergarten kommen.

Selbständigkeit und Selbstbestimmung auch beim Essen

Manchmal ist das Vesper auch ein willkommener Lückenbüßer, wenn ein Kind oder eine Spielgruppe erschöpft ist. Die Kinder können also die Essenszeit als Pause nutzen und ihren Bedürfnissen und ihrem individuellen Tempo entsprechend unterschiedlich lange am Esstisch verweilen.

Beim gemeinsamen Frühstück werden einige Kinder schon ungeduldig, weil sie längere Zeit warten müssen, bis alle mit Aufräumen fertig sind. Die Unruhe verstärkt sich noch, weil die einen länger essen als die anderen. Durch ständiges Warten aufeinander verstreicht nicht nur viel Zeit, die Kinder sind in der Folge oft auch für eine nachfolgende Beschäftigung viel zu unruhig und unkonzentriert. Das gleitende Frühstück fügt sich aber nicht nur besser in den Freispielablauf ein und lässt den Kindern mehr Zeit zum Spielen, es hat auch den Vorteil, dass die Kinder sich ihre Tischgemeinschaft selbst aussuchen können. Die Kinder können die Mahlzeit als lustvolles, gemeinsames Tun erleben und im Anschluss daran, ohne viel Gedränge und erneutes Warten, ihr Essgeschirr selbständig spülen und aufräumen.

Gleitendes Frühstück

Doch was bringen diese Vorteile, werden Sie sich fragen, wenn Ihr Kind unter diesen Umständen gar nicht isst!

Gerade Kindergartenneulinge vergessen oft zu essen. Oder sie können die Zeit noch nicht entsprechend einteilen und schaffen es deshalb nicht mehr. Aber auch später kann es schon hin und wieder vorkommen, dass die Kinder viel zu sehr in ihr Spiel vertieft sind, um auch nur einen Moment Hunger zu verspüren.

Ich habe deshalb die Eltern meiner Gruppe immer darum gebeten, falls ihnen viel daran liegt, dass ihr Kind isst, mich darauf aufmerksam zu machen, denn selbstverständlich kann ich nicht immer überblicken, wer regelmäßig sein Vesper ausfallen lässt. Natürlich soll kein Kind dazu gezwungen werden, ohne Hunger zu essen, aber sehr oft genügt es, einzelne Kinder an ihr mitgebrachtes Pausenbrot zu erinnern.
Auch Holger konnte auf diesem Weg wenigstens manchmal dazu bewegt werden, eine Kleinigkeit zu essen. Gelegentlich setzte er sich auch mit einer der Erzieherinnen an den Tisch oder schloss sich seinen Spielpartnern an. So erlebte auch er die Mahlzeit als angenehm, während die festgelegte gemeinsame Brotzeit vielleicht seine Freude am Essen nicht gerade verstärkt hätte.
In manchen Kindergärten wird einmal pro Woche oder auch in nicht festgelegten Abständen ein gemeinsames »gesundes Frühstück« praktiziert. Hier gibt es sicher viele Möglichkeiten und Variationen, die je nach Gruppenstruktur und anderen Gegebenheiten individuell eingesetzt werden können.

Ein schönes Gemeinschaftserlebnis

In unserem Kindergarten hat sich eingebürgert, am Nachmittag, wenn weniger Kinder in der Gruppe sind, zusammen zu essen. Anschließend machen wir oft noch ein Spiel miteinander. Für die kleinere Nachmittagsgruppe kann das ein schönes Gemeinschaftserlebnis sein, weil der Kindergartentag gemütlich ausklingt.

Krumm und schief – aber allein gemacht!

Auf Schönheit kommt es bei Bastelarbeiten, die im Kindergarten entstehen, nicht an.

Maria bringt regelmäßig wunderschöne, nahezu perfekte Bastelarbeiten aus dem Kindergarten nach Hause. Immer wieder ist ihre Tante erstaunt, was Maria so alles zustande bringt. Auch Tina, ihre eigene Tochter, bringt gelegentlich eine Bastelei aus dem Kindergarten mit, allerdings sind diese Dinge nicht annähernd so perfekt wie die ihrer Cousine – sie tragen eindeutig Tinas »Handschrift«. Tina malt und bastelt auch daheim sehr gern. Ganz selbständig fertigt sie oft eine ganze Serie an Basteleien mit der gleichen Technik an, die sie dann an die Großeltern und Freunde verschenkt. Nicht selten entwickelt sie sogar eigene Ideen und wandelt die Vorlagen aus dem Kindergarten phantasievoll ab. Ganz anders Maria: Sie scheint nicht annähernd so viel Spaß am Malen und Gestalten zu haben. Oft nimmt sie eine Arbeit gar nicht erst in Angriff, sondern bittet ihren älteren Bruder oder ihre Mutter, für sie zu basteln: »Ich kann das nicht so gut«, sagt sie dann. Sie traut sich auf diesem Gebiet scheinbar wenig zu. Wie kommen dann bloß die perfekten Basteleien zustande? Die hat sie sicher nicht selbst gemacht. Im Kindergarten wurde ihr geholfen, manchmal sogar für sie gebastelt, wenn sie sich an etwas nicht so recht herantraute. Damit aber tut man Kindern wie Maria keinen Gefallen: Solche Arbeiten aus der Hand eines anderen machen einem Kind bewusst, dass die eigenen Sachen nicht so perfekt gelingen.

Etwas besorgt erzählt Marias Mutter, dass der Raumschmuck und die Bilder im Kindergarten nicht nur vollkommen, sondern auch fast gleich aussehen.

Der Weg ist das Ziel.

Oft wird bei der Freude über die schönen Mitbringsel aus dem Kindergarten vergessen, dass weniger das Endprodukt als vielmehr der Weg dorthin von Bedeutung sein sollte. Je selbständiger ein Kind arbeiten kann, desto besser; am wertvollsten sind Arbeiten, die das Kind später ganz ohne Hilfe oder nur mit geringfügiger Unterstützung zustande bringt. Bastelarbeiten, die zu schwierig sind und bei denen zu viel Hilfestellung benötigt wird, entmutigen. Sie hemmen Phantasie und Kreativität. Freude am schöpferischen Tun kann so kaum entstehen.

Leider wird manchmal die Arbeit der Erzieherinnen danach bewertet, wie häufig sie mit den Kindern malen und basteln und wie »schön« die Dinge sind, die die Kinder mit nach Hause nehmen. Vielleicht verleitet das manche Erzieherin dazu, die Kinder zum Malen und Basteln zu drängen. Oft sieht es im Gruppenraum entsprechend aus: Alle Bilder und Basteleien, die die Wände schmücken, gleichen einander wie ein Ei dem anderen. Doch sollte man von keinem Kind fordern, was es noch nicht kann: Kinder beschäftigen sich in der Regel von ganz allein mit Dingen, die ihrem Entwicklungsstand entsprechen.

Durch abwechslungsreiches Spiel können Phantasie, Kreativität, feinmotorische Geschicklichkeit und vieles mehr genauso entwickelt werden. Es ist nicht nötig, Kinder zu Beschäftigungen zu drängen und ihnen vielleicht dadurch zu vermitteln, dass ihr Spiel von geringerem Wert ist. Materiellen, vorzeigbaren Dingen sollte kein höherer Stellenwert beigemessen werden als dem Spiel des Kindes!

Spielen statt Basteln.

Wie aus dem Ei gepellt …

Im Kindergarten sind die »guten Sachen« fehl am Platz. Hier ist praktische Kleidung angebracht, die es dem Kind erlaubt, sich schmutzig zu machen.

Endlich, nach einer langen Regenperiode, wieder strahlender Sonnenschein! Die Kinder toben ausgelassen und fröhlich durch den Garten. Ein Kind kommt auf die Idee, den kleinen Hang herunterzurollen. Schnell tun es ihm die anderen Kinder nach. Das Gras ist trocken, und so hat die Erzieherin keine Einwände, denn sie betrachtet das Toben als einen guten Ausgleich für den Bewegungsmangel während der vergangenen Regentage. Eva steht abseits und sieht dem bunten Treiben zu. Sie wagt nicht mitzumachen, denn ihre Mutter hat ihr ausdrücklich verboten, das gute Kleid schmutzig zu machen.

Micha, Katja und Frank bauen eine Sandburg mit Burggraben und allem, was dazugehört. Sie sind vollkommen in ihr Spiel vertieft. Die Erzieherin beobachtet das Spiel der Kinder mit gemischten Gefühlen. Einerseits ist sie froh, dass Frank begeistert mitspielt, denn meist ist er eher ein Außenseiter und selten länger als fünf Minuten in ein Spiel vertieft. Andererseits hat die

Erzieherin mehrmals beobachtet, wie Franks Mutter ihren Sohn ausschimpfte, weil seine Kleidung schmutzig geworden war. Sie beschließt, das Spiel nicht zu stören und seiner Mutter gleich beim Abholen zu berichten, wie schön Frank mit seinen Freunden gespielt hat ...

Leider kommt es immer wieder vor, dass Kinder nicht unbeschwert spielen mögen, vielleicht auch gar nicht mitmachen, weil sie fürchten, dass ihre Kleidung schmutzig wird oder kaputt geht. Solchen Stress sollten Eltern ihren Kindern ersparen. Je bequemer und pflegeleichter die Kleidung im Kindergarten ist, desto besser: Sie ersparen sich selbst Ärger und Arbeit und Ihrem Kind überflüssigen Druck. Denn zum Spielen gehört es auch, sich mal schmutzig machen zu können. Gerade schöpferische Spiele mit Erde, Sand, Wasser, Ton, Fingerfarben oder anderen Materialien regen die Phantasie und Kreativität an. Solche Spiele vermitteln den Kindern zahlreiche Sinneseindrücke; sie helfen, Spannungen zu lösen und Aggressionen abzubauen. Wie unwichtig ist dagegen ein schmutziges Kleid oder ein Loch in der Hose!

Bequeme und pflegeleichte Kleidung

Von früh bis spät im Kindergarten

Ganztägige Betreuung im Kindergarten und der Wechsel von Bezugspersonen sind anstrengend für Kinder. Umso wichtiger ist die Suche nach der ruhigsten Lösung.

Tom wird jeden Tag um 7.30 Uhr in den Kindergarten gebracht. In Toms Kindergarten gibt es keine durchgehende Mittagsbetreuung mit warmem Essen, sondern nur einen verlängerten Mittagsdienst. Deshalb waren Toms Eltern, beide ganztags berufstätig, gezwungen, jemanden zu finden, der Tom mittags um 12.30 Uhr vom Kindergarten abholt, ihm etwas zu essen macht und ihn danach wieder in den Kindergarten bringt. Tom bleibt noch, bis ihn sein Vater um 16.30 Uhr abholt.

Ein anstrengender Tag für Tom, obwohl er sich im Kindergarten wohl fühlt! Mittags ist er oft müde, erschöpft, manchmal gereizt. Er sehnt sich nach Ruhe und Geborgenheit. Doch jetzt muss er sich auf die nächste Bezugsperson einstellen. Für Tom bedeutet die Mittagspause, sich neuen Erfordernissen anzupassen. Dann muss er wieder in den Kindergarten zurück und sich den Anforderungen einer größeren Kindergruppe stellen.

Erziehungsvorstellungen aufeinander abstimmen.

Die ganztägige Betreuung eines Kindes außerhalb der Familie bedeutet oft mehrfach am Tag einen Wechsel der Bezugsperson und der Umgebung. In Toms Fall ist das ein Wechsel vom Elternhaus zum Kindergarten, vom Kindergarten zur Mittagsbetreuung, von ihr wieder zum Kindergarten und schließlich zurück zum Elternhaus. Eine wirkliche Belastung für das Kind! Um in dieser Situation negative Folgen zu vermeiden, müssen die verschiedenen Erziehungsvorstellungen schon aufeinander abgestimmt werden. Das bedeutet, dass die Eltern bei der Wahl des Kindergartens – soweit sie überhaupt möglich ist – besonders sorgfältig vorgehen und schon bei der Anmeldung ihre schwierige Lage und ihre Vorstellungen mit dem Kindergartenpersonal besprechen. Auf diese Weise lassen sich Spannungen vermeiden, wie sie durch unterschiedliche Erziehungsprinzipien entstehen können. Bei allem Zeitmangel sollten Eltern zum Kindergarten so viel Kontakt wie nur möglich halten. Nur so lassen sich Probleme rechtzeitig erkennen.

Kindgerechte Lösung

Für viele Kinder ist es besser, wenn sie über Mittag im Kindergarten bleiben können. Ist das nicht möglich, könnten sich Eltern auch gegenseitig helfen. In der Familie eines Freundes fühlt sich ein Kind häufig angenommener und wohler als bei einer fremden Bezugsperson.

Klara kommt kurz nach 8.00 Uhr in den Kindergarten, sie isst dort zu Mittag und bleibt noch nachmittags in der Gruppe. Klaras Mutter ist allein erziehend und ganztägig berufstätig. Sie holt ihre Tochter nach einem anstrengenden Arbeitstag am späten Nachmittag vom Kindergarten ab. Trotz ihrer Schwierigkeiten hat Klaras Mutter Glück gehabt: In Klaras Kindergarten können einige Kinder in relativ ruhiger und familiärer Atmosphäre zu Mit-

tag essen. Danach haben sie die Möglichkeit, sich etwas zu erholen, bis der Kindergartenbetrieb wieder anläuft. Sie schlafen, beschäftigen sich allein oder lassen sich von einer Erzieherin etwas vorlesen. Besonders wichtig, weil es zusätzliche Belastungen vermeidet, ist zudem: In Klaras Gruppe befinden sich am Nachmittag weniger Kinder als am Vormittag. Eine kleinere Gruppe ermöglicht den Kindern am Nachmittag größeren Freiraum, und die Erzieherin kann sich ihnen mehr zuwenden.
Wenn auch nicht immer eine Auswahl möglich ist, so sollte doch nach einer kindgerechten Lösung gesucht werden.

Bring- und Abholzeit im Kindergarten

Wenn Eltern ihre Kinder nicht persönlich in die Gruppe bringen, kann allerhand passieren.

Frau Müller bringt ihre Tochter Tina in den Kindergarten. Es regnet stark und Frau Müller hat den wenige Wochen alten Jonas dabei. Um mit ihm nicht in den Regen zu müssen, hält sie vor der Eingangstür, lässt Tina aussteigen und bittet sie, allein in den Kindergarten zu laufen, sich auszuziehen und in die Gruppe zu gehen. Tina ist normalerweise sehr zuverlässig, deshalb macht sich Frau Müller keine Sorgen. Als sie eingestiegen ist und weiterfahren möchte, sieht sie gerade noch, wie ihre Tochter auf die Straße rennt und rufend und winkend hinter ihr herläuft. Tina wollte ihrer Mutter unbedingt noch etwas sagen – das hat sie veranlasst, noch mal aus dem Kindergarten herauszulaufen und ihrer Mutter zu folgen. Frau Müller hält an und bringt ihre Tochter nun doch in die Gruppe. Der Schreck sitzt ihr noch lange in den Gliedern, denn jetzt erst wurde ihr bewusst, dass niemand im Kindergarten das Mädchen vermisst hätte, weil es ja noch gar nicht in der Gruppe angekommen war.

Kinder sollten unbedingt in ihre Gruppe gebracht werden, um solche Gefahren auszuschließen. Leider ist es nie vorhersehbar, was auf dem kurzen Weg vom Auto in den Kindergarten, ja sogar bis in die Gruppe, geschehen kann. Peter und Tom sind zwar in den Kindergarten gegangen, sie haben sich in der Garderobe ausgezogen und dann beschlossen, bevor sie in die Gruppe gehen, noch ein wenig im Turnraum zu spielen. Dabei ist Tom von der Sprossenwand gestürzt. Eine andere Mutter ist beim Vorbeigehen auf sein Weinen aufmerksam geworden. Als sie nachsieht, findet sie Peter bei Tom kniend. Peter wusste nicht, was er tun sollte und traute sich nicht, in die Gruppe zu gehen, um Hilfe zu holen. Tom hatte zum Glück nur ein paar blaue Flecken – aber es hätte viel schlimmer kommen können!

Kinder sollten in die Gruppe gebracht und nicht vor der Tür abgesetzt werden.

Wenn Eltern ihre Kinder in den Kindergarten bringen, sollten sie bedenken, dass die Aufsichtspflicht der Erzieherinnen erst beginnt, wenn die Kinder in der Gruppe angekommen sind. Und auch wenn Kinder schon sehr selbständig sind, können unvorhergesehene Ereignisse nie ganz ausgeschlossen werden.

Aber nicht nur während der Bringzeit, auch beim Abholen der Kinder gibt es aus Sicherheitsgründen einiges zu beachten: Der Kindergarten ist aus, 25 Kinder stürmen in die Garderobe. Es geht hektisch zu und es herrscht ein ziemliches Durcheinander. Marie braucht Hilfe beim Schuheanziehen; Frank weiß nicht, wo bei seiner Mütze vorne und hinten ist, und Torsten möchte seine Jacke zumachen. Fast alle Kinder brauchen gleichzeitig die Hilfe der Erzieherin. Dazwischen kommen Kinder, um sich zu verabschieden. Ein kurzer Blick zum Garderobeneingang – die Erzieherin vergewissert sich, ob die Kinder auch tatsächlich abgeholt werden. Es ist nicht leicht, in dem Getümmel den Überblick zu bewahren. Marius ruft kurz »Tschüs« und rennt zur Tür. Die Erzieherin ist nicht sicher, von wem der Zuruf kam, dann sieht sie Marius davoneilen. Sie läuft hinter ihm her und hält ihn auf. Die Erzieherin nimmt den Jungen an der Hand und bittet ihn, sich noch einmal zu verabschieden. Marius' Mutter findet das etwas übertrieben. Aber ein zugerufener Gruß geht in dem Durcheinander leicht unter, deshalb legen die Erzieherinnen besonderen Wert darauf, dass die Kinder sich mit Handschlag verabschieden.

Jedes Kind verabschiedet sich per Handschlag.

Nur zu leicht kann ein Kind in einem unbeobachteten Moment zwischen all den anderen nach draußen stürmen. Es trifft draußen vielleicht sogar auf seine Mutter, wird aber von den Erzieherinnen verzweifelt gesucht. Zudem ist die Unfallgefahr vor dem Kindergarten gerade während der Abholzeit besonders hoch.

Verspätete Abholzeit

Kinder, die unvorbereitet warten müssen, bis die Eltern sie aus dem Kindergarten abholen, erleben diese Zeit als große Belastung.

Anna sitzt am Fenster und wartet sehnsüchtig auf das gelbe Auto: Wenn es in die Kindergarteneinfahrt fährt, bedeutet das für Anna, dass auch sie jetzt von ihrer Mutter oder ihrem Vater abgeholt wird. Es kommt oft vor, dass

Anna länger warten muss, weil ihre Eltern sich verspätet haben. Sie hilft dann manchmal der Erzieherin, das Gruppenzimmer aufzuräumen. Manchmal versucht sie auch, sich noch auf ein Spiel zu konzentrieren, während die Erzieherinnen sich wie jeden Mittag noch kurz besprechen. Manchmal tobt sie herum.

Immer aber leidet sie unter der häufig wiederkehrenden Situation, erlebt Enttäuschung, Trauer und Wut. Gerade für Kinder, die häufiger zu spät vom Kindergarten abgeholt werden, wird diese Wartezeit im Kindergarten zu einer sehr großen Belastung, die den ganzen Kindergartenalltag überschatten kann. Täglich fragt sich ein Kind wie Anna, ob es heute Glück hat und wie die anderen rechtzeitig abgeholt wird.

Enttäuschung, Wut und Trauer

In einem Kind, das oft warten muss, können sich viele Gedanken festsetzen, die Angst machen und verunsichern: Bin ich meinen Eltern nicht wichtig, haben sie mich nicht so lieb wie die anderen Eltern ihre Kinder ...? Sehr schnell wird das pünktliche Abholen zum Gradmesser der elterlichen Liebe. Die Kinder achten sehr genau darauf, welche Mutter und welcher Vater pünktlich kommt und welches Kind immer wieder »übrig« bleibt. Schlimmstenfalls fürchten sich diese Kinder sogar davor, eines Tages gar nicht mehr abgeholt zu werden.

Ich habe immer wieder erlebt, dass Eltern sich über die Abholzeit im Kindergarten – und was diese für ihre Kinder bedeutet – gar nicht so viele Gedanken machen. Aus der Sicht dieser Eltern sind die Erzieherinnen oft ohnehin noch länger da, und außerdem gibt es im Kindergarten einen verlängerten Mittagsdienst, so dass nach Meinung vieler Eltern eine kleine Verspätung nicht so sehr ins Gewicht fällt. Doch im Gegensatz zu den verspätet abgeholten Kindern sind die Kinder, die den zusätzlichen Betreuungsdienst in Anspruch nehmen, darauf vorbereitet und hatten die Möglichkeit, sich darauf einzustellen. Ihnen fällt es längst nicht so schwer, sich noch mal auf ein Spiel einzulassen, weil sie wissen, dass sie später abgeholt werden und sich nicht mit unnötigen Ängsten herumplagen müssen. Die unvorbereitet wartenden Kinder spüren

Unvorbereitet wartende Kinder leiden sehr unter einer Verspätung.

sehr schnell, dass sie sich in einer anderen Position befinden. Es lässt sich manchmal kaum vermeiden, dass sie sich als »lästiges Überbleibsel« empfinden. Dadurch wird zusätzlich ihre Beziehung zur Erzieherin belastet.

Nicht jede Verspätung ist vorhersehbar oder vermeidbar. Doch wenn sich Verspätungen nicht häufig wiederholen, kann ein Kind sie auch verkraften. Bei einer einmaligen Verspätung, weil zum Beispiel ein Arztbesuch oder ein Einkauf länger gedauert hat, ist es für die Kinder schon eine große Hilfe, wenn die Eltern im Kindergarten anrufen und Bescheid geben. Wenn Sie daran denken, ersparen Sie Ihren Kindern viele unnötige Ängste. Sollten Sie aber wie Annas Eltern, die aus beruflichen Gründen häufig zu spät kommen, wissen, dass sich Verspätungen nicht vermeiden lassen, muss unbedingt eine andere Lösung für die Kinder gesucht werden!

Unnötige Ängste

Heute holt dich Onkel Klaus ab

Wenn Ihr Kind ausnahmsweise von Verwandten oder Freunden vom Kindergarten abgeholt wird, sollten Sie sowohl die Erzieherin als auch das Kind vorher darüber informieren.

Abholzeit im Kindergarten: Die Erzieherin und die Kinder warten auf die Eltern, als ein Fremder den Raum betritt. Zuerst sieht er sich suchend um und geht dann auf Armin zu, der gleich aufsteht, sich verabschiedet und bereitwillig mitgehen möchte. Die Erzieherin fragt nach und erfährt, dass es sich bei dem Fremden um Armins Onkel handelt. So lässt sie nach kurzem Zögern das Kind mit ihm gehen. Eine schwierige Situation für die Erzieherin. Einerseits darf sie ein Kind keiner ihr fremden Person mitgeben, andererseits möchte sie den Onkel, den Armin ganz offensichtlich kennt und über dessen Kommen er sich freut, nicht vor den Kopf stoßen.

Auch Andi wird von einer fremden Person abgeholt, aber hier stellt sich die Situation anders dar: Andi ist sichtlich überrascht und irritiert, als eine Frau auf ihn zukommt und ihn auffordert, mitzukommen. Er lehnt es ab, und nichts kann ihn dazu bringen mitzugehen. Erst ein Anruf bei Andis Mutter klärt die Sache: Andis Tante war überraschend zu Besuch gekommen und hatte sich angeboten, ihren Neffen vom Kindergarten abzuholen.

Ein Kind sollte wissen, wer es vom Kindergarten abholt.

Es ist grundsätzlich sinnvoll, ein Kind darüber zu informieren, wer es aus dem Kindergarten abholen wird. Das erspart dem Kind Unsicherheit und Ängste, gerade wenn ihm die Person nicht so sehr vertraut ist. Auch ein Onkel oder eine Tante, der oder die das Kind nicht so häufig sehen, können zunächst fremd und dadurch verunsichernd wirken.

Natürlich kann es auch mal überraschend vorkommen, dass eine zumindest für die Erzieherin fremde Person ein Kind abholt. Dann müsste es aber möglich sein, im Kindergarten anzurufen und das Kind und seine Erzieherin darüber zu informieren. Wissen die Eltern schon vorher, dass Freunde oder Verwandte ihr Kind abholen, sollten sie unbedingt die Erzieherin darüber in Kenntnis setzen.

Ein anderer Fall: Als Benno von einem etwa dreizehnjährigen Jungen abgeholt werden soll, den die Erzieherin noch nie gesehen hat, ruft sie sicherheitshalber bei den Eltern an, um sich zu versichern, dass ihr Sohn tatsächlich mit dem Jungen mitgehen darf. Zunächst ist niemand zu erreichen. Als sie schließlich Bennos Vater am Telefon hat, reagiert der ungehalten. Er fühlt sich angegriffen, als die Erzieherin ihn darum bittet, künftig Bescheid zu geben, wenn Benno von einer anderen Person abgeholt wird. Er bedenkt nicht, dass die Erzieherin sogar dazu verpflichtet ist, die Situation in solchen Fällen zu klären. Das – vielleicht in manchen Augen überkorrekt anmutende – Verhalten der Erzieherin hat einen guten Grund: Früher einmal hat sie eines ihrer Kindergartenkinder mit einem Mann mitgehen lassen, zu dem das Kind Papa sagte. Sie wusste, dass die Eltern getrennt lebten, die Mutter hatte aber nicht daran gedacht, die Erzieherin über die familiäre Situation zu informieren. So konnte

Für die Erzieherin eine schwierige Entscheidung

sie nicht ahnen, dass der Vater gar nicht berechtigt war, das Kind vom Kindergarten abzuholen.
Obwohl Eltern oft nicht an diese Möglichkeit denken, kommt es durchaus vor, dass getrennt lebende Eltern, denen vielleicht sogar das Sorgerecht entzogen wurde, im Kindergarten eine Chance sehen, an ihre Kinder »heranzukommen«.
Für die Erzieherin ist es darum häufig schwierig abzuschätzen, ob sie die ihr anvertrauten Kinder mitgehen lassen darf oder nicht.

Geburtstag – der ganz besondere Tag

Teure Mitbringsel und kunstvolle Torten sind wirklich nicht nötig für die Geburtstagsfeier im Kindergarten!

Ines wird fünf Jahre alt. Schon lange freut sie sich auf die Feier im Kindergarten, denn an diesem Tag steht das Geburtstagskind im Mittelpunkt. Nach dem Spielen räumen die Kinder schnell auf und helfen, die festliche Geburtstagstafel herzurichten. Dann werden die Vorhänge zugezogen und die Kerzen angezündet. Das Geburtstagskind bekommt einen Ehrenplatz und darf sich seine

Tischnachbarn selbst aussuchen. Die Kinder singen gemeinsam ein Geburtstagslied, lassen die Hauptperson hochleben und überreichen ihre Geschenke, selbstgemalte Bilder und kleine Basteleien. Auch von der Erzieherin gibt es eine Kleinigkeit. Danach essen die Kinder in fröhlicher Runde den mitgebrachten Kuchen oder die Brezeln oder was es sonst so gibt. Ist dann noch Zeit übrig, darf sich das Geburtstagskind Fingerspiele, Lieder, Kreisspiele oder eine Geschichte wünschen. So tragen alle dazu bei, dass dieser Tag besonders schön wird.

So oder ähnlich wird im Kindergarten Geburtstag gefeiert. Die Kinder freuen sich auf diesen Tag, weil sie im Mittelpunkt stehen dürfen und zu spüren bekommen, dass sie in der Gruppe wichtig sind und sich alle mitfreuen. Gern sind meist auch die Eltern bereit, ihren Teil dazu beizutragen, denn zu einer richtigen Feier gehört eben auch, dass es etwas Leckeres zu essen gibt. Und da werden dann manchmal opulente Torten aufgefahren, die kunstvollsten Gummibärchen-Kuchen aufgetischt oder ganze Ladungen von Bonbons mitgebracht. Die Erzieherinnen stehen einer solchen Perfektion eher skeptisch gegenüber. Denn ganz abgesehen davon, dass es Kinder gibt, die nicht viele oder gar keine Süßigkeiten essen sollen bzw. dürfen, rückt das Naschen sehr in den Vordergrund, wenn die leiblichen Genüsse allzu üppig ausfallen. Aus pädagogischer Sicht steht das soziale Erleben im Vordergrund.

Das soziale Erleben sollte im Vordergrund stehen.

Auch Markus steht die Geburtstagsfeier im Kindergarten bevor. Markus' Gefühle sind sehr zwiespältig. Einerseits freut er sich darauf, im Mittelpunkt zu stehen, andererseits zweifelt er daran, ob die anderen Kinder nicht enttäuscht sein werden, weil er nur einige Knabbereien zur Feier beisteuern kann. Markus' Mutter hat keine Zeit, vorher Kuchen oder andere Leckereien vorzubereiten. Da sie nicht gerne bastelt, bereitet sie auch keine Mitbringsel vor, wie Markus sie nach den letzten Kindergeburtstagen fast immer mit nach Hause gebracht hat. Nicht alle Mütter haben die Zeit oder das Geld, ihrem Kind selbst gebackene oder gekaufte Köstlichkeiten mitzugeben. Wie mag sich dieses Kind fühlen, wenn der Freund oder die Freundin Berge von Leckereien verteilt? Auch daran sollten wir denken.

Manchmal entsteht ein richtiger Wettstreit, wer die tollsten Sachen mitbringt. Bisweilen verteilen die Geburtstagskinder sogar kleine Geschenke an die Kindergartenfreunde. Das ist gut gemeint, schafft aber eine unter Umständen problematische Entwicklung: Andere Eltern fühlen sich im Zugzwang, wollen keinesfalls solchen Präsenten nachstehen, und die Mitbringsel werden immer größer und immer teurer. Das kann aber nicht der Sinn von Geburtstagsfeiern im Kindergarten sein. Eltern und Erzieher sollten dem bewusst entgegensteuern.

Gemeinsam feiern.

Scheuen Sie sich nicht, diesen Kreislauf zu durchbrechen! Nicht die Mitbringsel, das Essen oder Getränke sind die wichtigsten Bestandteile eines Geburtstagsfestes, sondern das gemeinsame Feiern dieses für jedes Kind ganz besonderen Tages.

Ein Tag fürs Lieblingsspielzeug

Von zu Hause mitgebrachtes Spielzeug kann Streit und Ärger auslösen. Eine feste Absprache hilft, Konflikte zu vermeiden.

Lea und ihr Teddy kommen seit einer Woche in den Kindergarten. Wo auch immer Lea sich aufhält oder spielt, ist ihr Teddy dabei. Mit ihm geht Lea zur Toilette; er sitzt mit am Tisch, wenn Lea ihr Brot isst ...

Ganz offensichtlich erleichtert der Teddy Lea das Einleben im Kindergarten. Er ist ein Teil ihrer bisher vertrauten Welt und gibt ihr ein Stück Sicherheit. Der Teddy hilft Lea, sich in der neuen Umgebung nicht ganz so fremd zu fühlen. Doch nach einiger Zeit wandelt sich das Bild: Lea ist ein Teil der Gruppe geworden und findet sich gut zurecht. Sie fühlt sich wohl und hat Spielpartner gefunden. Mit zunehmender Eingewöhnung wird ihr der Teddy im Kindergarten unwichtiger. Manchmal bleibt er ganz in der Tasche, manchmal vergisst Lea ihn im Spiel und muss ihn später wieder suchen.

Manuel geht schon länger in den Kindergarten. Auch er bringt fast täglich sein eigenes Spielzeug, ein ferngesteuertes Auto, mit in den Kindergarten. Zunächst stand er damit im Mittelpunkt des Geschehens. Alles drehte sich um ihn und sein Auto. Manuel konnte bestimmen: Er erlaubte oder verbot anderen Kindern, mit seinem Auto zu spielen. Oft sah es so aus, als wolle er dadurch Freunde gewinnen. Nicht selten war das Auto Auslöser für Ärger und Streit.

Mitgebrachtes Spielzeug führt häufig zu Problemen.

Von zu Hause mitgebrachtes Spielzeug führt im Kindergarten oft zu Problemen. Aufwendige Suchaktionen nach wertvollen Stücken, die verlegt wurden, sind keine Seltenheit. Noch größer ist der Ärger, wenn etwas kaputt geht. Für besonders schlimm halte ich es, wenn bei den Kindern schon eine Art Wettbewerb entsteht, weil jeder mit einem noch tolleren und begehrteren Spielzeug auftrumpfen möchte. Zudem werden die Bemühungen, möglichst pädagogisch wertvolles und ausgewähltes Spielzeug anzubieten, oft erheblich gestört.

Wir haben in unserem Kindergarten versucht, diesen Problemen zu begegnen, indem wir einen »Lieblingsspielzeugtag« einmal im Monat eingerichtet haben. Nach der Eingewöhnungsphase bekommen die Kinder an diesem Tag die Möglichkeit, lieb gewordenes Spielzeug von zu Hause in den Kindergarten mitzubringen – an anderen Tagen ist mitgebrachtes Spielzeug im Kindergarten nicht sehr gern gesehen, Ausnahmen wie nach einem Geburtstag oder dem Jahrmarkt sind möglich. Unsere Kinder kommen mit der Regelung sehr gut zurecht, und die Schwierigkeiten mit persönlichem Spielzeug haben sich deutlich reduziert.

Lieblingsspielzeugtag

Bestimmt können auch Sie mit Ihren Kindern Absprachen treffen über das Mitnehmen von Spielzeug in den Kindergarten, um auf diese Weise beiden Seiten Wut, Trauer oder Enttäuschung zu ersparen, die durch verlorenes, vergessenes oder kaputtes Spielzeug ausgelöst werden.

Ein Kindergarten für behinderte und nichtbehinderte Kinder

Leider finden behinderte Kinder noch immer selten einen Platz im Regelkindergarten. Dabei kommt es durch deren Integration zu einer Bereicherung für alle Beteiligten!

Moritz, Tina, Heike und Sven sitzen an einem Tisch und spielen Memory. Auf den ersten Blick eine ganz normale Spielsituation im Freispiel. Erst bei genauerem Hinsehen fällt auf, dass Tina nicht wie ihre Freunde auf einem Stuhl sitzt, sondern im Rollstuhl. Tina wurde mit offenem Rücken (Spina bifida) geboren und ist auf den Rollstuhl angewiesen. Seit einem Jahr besucht sie den Kindergarten. Sie fühlt sich dort sehr wohl und hat Freunde gefunden, mit denen sie sich regelmäßig auch zu Hause trifft. Jeden Donnerstag arbeitet eine Bewegungstherapeutin mit ihr. Nur manchmal ist Tina traurig, wenn sie bei bestimmten Spielen nicht mitspielen kann.
Stefan, Mona und Lukas spielen in der Puppenecke, in der sich die Kinder häufig zum Rollenspiel treffen. Stefan ist das Baby der Familie. Stefan ist ein Kind mit Trisomie-21, auch Down-Syndrom oder Mongoloismus genannt.

Für alle ein Gewinn

Auch Stefan fühlt sich wohl in der Gruppe. Obwohl er für einige Kinder manchmal immer noch das »Hätschelkind« ist, dem mit übertriebener Fürsorge begegnet wird, hat sich auf ihn der Besuch im Kindergarten sehr positiv ausgewirkt: Er ist lebhafter geworden und selbständiger. Die Gruppe wirkt anregend und motivierend auf ihn. Oft lernt er Neues dazu, weil er die anderen Kinder gerne als Vorbild betrachtet und sie nachahmt.
Beide Kinder sind behindert und besuchen einen ganz normalen Kindergarten.

Echte Integration

Obwohl es Sondereinrichtungen und so genannte Integrationskindergärten gibt, besteht auch die Möglichkeit, behinderte Kinder im Regelkindergarten aufzunehmen. Eine Möglichkeit, von der leider immer noch viel zu selten Gebrauch gemacht wird. Wenn einige Voraussetzungen erfüllt sind, führt die Aufnahme eines oder mehrerer behinderter Kinder zu einer Bereicherung nicht nur der behinderten, sondern auch aller anderen Kinder. Da Sondereinrichtungen und integrative Einrichtungen meist ein größeres Einzugsgebiet haben, besteht für die behinderten Kinder kaum eine Chance, Freunde zu finden, die sie auch in ihrer Freizeit, am Nachmittag oder am Wochenende treffen können. Haben behinderte Kinder die Möglichkeit, den Kindergarten in der Nähe zu besuchen, wird echte Integration viel eher möglich, weil die Chance, Freundschaften zu entwickeln, die über den Kindergarten hinausreichen, viel größer ist.

Während die Kinder meist offen und interessiert, mit der Kindern eigenen Aufgeschlossenheit auf die behinderten Kinder zugehen, müssen bei Eltern nicht selten schon einige Bedenken ausgeräumt werden. Oft befürchten Eltern, dass die behinderten Kinder kein guter Umgang für ihre Kinder sind. Es scheint manchmal fast so, als befürchteten sie, dass die Behinderung anstecken sein könnte, zumindest aber das Verhalten ihrer Kinder ungünstig beeinflussen würde. Das Spiel- und Lernniveau in der Gruppe könnte ihrer Meinung nach sinken, woraus den Kindern Nachteile entstehen könnten, auch in Hinblick auf ihre Förderung. Eltern fragen sich, ob ein behindertes Kind nicht viel mehr Aufmerksamkeit und Zuwendung benötigt, die dem eigenen Kind dann fehlen.

Anna ist fünfeinhalb. Seit Beginn des neuen Kindergartenjahres besucht die sechsjährige, mehrfach behinderte Carola die gleiche Kindergruppe wie Anna. Annas Mutter ist skeptisch – allein die Tatsache, dass die Gruppe jetzt etwas kleiner ist als im vergangenen Kindergartenjahr, beruhigt sie etwas. Tatsächlich zeigt Anna schon nach kurzer Zeit Verhaltensweisen, über die Annas Mutter besorgt mit der Erzieherin spricht: Sie läuft oft auf Zehenspitzen und beginnt sehr undeutlich zu sprechen. Die Erzieherin bestätigt, dass sie ähnliche Beobachtungen auch im Kindergarten und bei anderen Kindern gemacht hat. Allerdings bewertet sie diese Beobachtungen eher positiv. Sie beruhigt Annas Mutter und erklärt ihr, dass solche Verhaltensänderungen ganz normal sind und schnell vorübergehen. Die Kinder beginnen, sich aktiv damit auseinan-

Aktive Auseinandersetzung

der zu setzen, was Carolas Behinderung für Carola bedeutet. Die Erzieherin betrachtet das Verhalten der Kinder als eine Art des Rollenspiels, die es den Kindern erleichtert, die Behinderung zu verarbeiten und zu verstehen. Tatsächlich verhält sich Anna bald wieder ganz normal und schon bald fällt ihrer Mutter auf, dass Anna rücksichtsvoller und verständnisvoller mit ihrem jüngeren Bruder umgeht. Es scheint ihr leichter zu fallen zu akzeptieren, dass er manches einfach noch nicht so gut kann. Kürzlich hat sie sich sogar auf dem Spielplatz Gedanken darüber gemacht, wie sie ein Spiel abwandeln müsste, damit Carola mitspielen könnte. Auch mit ihrem Bruder findet sie nun manchmal Spielvariationen, die ein gemeinsames Spiel erst möglich machen. Diese Beobachtungen kann die Erzieherin aus dem Kindergarten bestätigen. Die Kinder erscheinen ihr insgesamt rücksichts- und verständnisvoller. Es scheint ihnen leichter zu fallen, sich einzufühlen und auch mal aus Rücksichtnahme auf etwas zu verzichten. Nachdem sie anfangs sehr interessiert und manchmal etwas übertrieben fürsorglich reagiert haben, haben sie nun gelernt, die Behinderung richtig einzuschätzen.

Rücksichtnahme und Verständnis entwickeln.

Im täglichen Umgang mit Carola kommt es zu vielen Situationen, in denen sie sich in Geduld, Verständnis und Hilfsbereitschaft üben. Trotzdem kommt es vor, dass die Kinder, zum Beispiel aus lauter Freude, in den Garten gehen zu dürfen, einfach losstürmen und Carola allein zurücklassen. Keiner denkt daran, ihr zu helfen und sie mitzunehmen – auch das ist ganz normal und eine Erfahrung, die auch Carola lernen muss zu verkraften. In der Kindergruppe bewegt sie sich nicht in einem Schonraum, sondern sie beginnt zu erkennen, was ihre Behinderung bedeutet. Sie lernt, ihre Fähigkeiten, ihre Möglichkeiten und Grenzen realistischer einzuschätzen. Sie schaut den anderen Kindern viel ab, der Umgang mit ihnen ist ein enormer Entwicklungsanreiz für sie.

Natürlich sollten einige Voraussetzungen erfüllt sein, damit behinderte Kinder im Regelkindergarten aufgenommen werden können. Die Kindergruppe darf nicht zu groß sein und genügend Personal sollte zur Verfügung stehen. Soll ein körperbehindertes Kind aufgenommen werden, müssen auch die räumlichen Voraussetzungen erfüllt sein (zum Beispiel Eignung für Rollstuhlfahrer). Nicht zuletzt muss auch eine ausreichende Förderung der Behinderten, durch mobile Dienste etwa, im Kindergarten und zu Hause gewährleistet sein. Was möglich ist, ist individuell sehr verschieden und sollte in den einzelnen Kindergärten sorgfältig geprüft werden. Wünschenswert ist auch eine Unterstützung der Erzieherinnen durch Fachleute, weil sich die Anforderungen durch die Aufnahme behinderter Kinder verändern.

Während eines Projekts, bei dem behinderte Kinder regelmäßig unsere Gruppe besucht haben, konnte ich über ein Jahr lang beobachten, wie positiv sich das Zusammentreffen von behinderten und nichtbehinderten Kindern auf beide Seiten auswirkt. All die Vorteile hier zu erläutern würde den Rahmen dieses Buches sprengen. Zusammenfassend lässt sich aber sagen, dass behinderte Kinder im Regelkindergarten weniger eine Belastung als vielmehr eine Bereicherung für alle sein können.

Stolpersteine im Kindergartenalltag

Heute bleib ich mal zu Hause

Wenn Kinder diesen Wunsch äußern, sind Eltern oft unsicher: Sollen wir nachgeben oder auf den regelmäßigen Kindergartenbesuch bestehen?

Kinder, die neu in den Kindergarten kommen, sind oft durch die Fülle der neuen Eindrücke verunsichert. Das muss nicht unbedingt ein Zeichen dafür sein, dass es noch zu früh für den Kindergarteneintritt ist. Die Kinder kennen sich noch nicht aus oder schrecken vor den vielen fremden Kindern zurück. Was liegt da für sie näher, als diesen Ängsten aus dem Weg zu gehen und sich wieder in die vertraute Umgebung, in die Geborgenheit der Familie zurückzuziehen?

Fülle der Eindrücke

Maria besucht seit einigen Tagen den Kindergarten. Nachdem sie sich zunächst darauf gefreut hat, beginnt sie bald den Aufbruch zum Kindergarten zu verzögern: Zuerst muss sie noch ihr Spiel beenden, dann muss sie noch aufs Klo ... ihr fällt immer etwas Neues ein, bis schließlich der Tag kommt, an dem sie gar nicht mehr in den Kindergarten möchte. Die Mutter ist unsicher, ob sie auf den täglichen Kindergartenbesuch bestehen oder dem Wunsch ihrer Tochter nachgeben soll. In einem Gespräch bestätigt die Erzieherin, dass auch sie, genauso wie die Mutter selbst, Maria für kindergartenreif hält. Die Erzieherin findet es deshalb richtig, auf den regelmäßigen Kindergartenbesuch gerade am Anfang großen Wert zu legen. Denn erst wenn Maria sich mit der fremden Umgebung vertraut gemacht hat, wenn sie den Tagesablauf im Kindergarten kennt und weiß, womit sie spielen kann, wird sie sich dort wohl fühlen können. Sie wird anfangen, erste Kontakte zu knüpfen, und mit der Zeit Spielkameraden finden. Die Sicherheit, sich frei in der Gruppe zu bewegen, können neue Kinder viel leichter und schneller entwickeln, wenn sie am Ball bleiben. Für Maria wird es gut sein, dass sie die Erfahrung machen darf, mit ihrer Unsicherheit fertig zu werden und es schließlich geschafft zu haben. Kinder, die Schwierigkeiten gemeistert haben, wachsen daran – sie gewinnen an Sicherheit und Selbstvertrauen, beides ist für die Selbständigkeit notwendig.

Malte ging bereits seit über einem Jahr in den Kindergarten und fühlte sich dort offensichtlich wohl, als seine Mutter wieder zu arbeiten begann. Da sie auch an den Wochenenden arbeiten musste, behielt sie ihren Sohn in bester Absicht an ihren freien Wochentagen zu Hause. Nach einiger Zeit gab es immer größere Schwierigkeiten; Malte wollte gar nicht mehr in den Kindergarten gehen. Was war geschehen? Malte, der mit den Gepflogenheiten im Kindergarten vertraut war und sich aufgrund des überschaubaren Tagesablaufs sicher fühlte, hatte viele Spielkameraden. Das Spiel der Kinder aber schöpft häufig aus den gemeinsamen Erlebnissen vom Vortag. Es kam immer häufiger vor, dass Malte nicht Bescheid wusste und deshalb in ein Spiel gar nicht erst einbezogen wurde. Er hatte wegen der häufigen Pausen den Bezug zu den einzelnen Kindern und zum Gruppengeschehen verloren. Malte stand mit einem Bein draußen – der Kindergartenbesuch konnte ihm gar keinen Spaß mehr machen. Maltes Mutter hat die Ursachen gemeinsam mit der Erzieherin gefunden und bringt ihn nun wieder regelmäßig in den Kindergarten. Als Ausgleich beschäftigt sie sich an ihren freien Nachmittagen und Wochenenden besonders intensiv mit ihm. Eine Kindergartengruppe ist eine soziale Gruppe – eine Gemeinschaft, in der jedes Kind, das regelmäßig den Kindergarten besucht, einen Platz einnimmt und dazugehört.

Jedes Kind hat seinen Platz in der Gemeinschaft.

Durch den regelmäßigen Kindergartenbesuch entwickelt sich für die Kinder ein überschaubarer Tagesablauf. Es entsteht ein Rhythmus, der den Kindern ein Gefühl der Sicherheit und Vorhersehbarkeit vermittelt. Gleichzeitig wird durch die Gewöhnung an einen geregelten Tagesablauf der Schuleintritt erleichtert. Selbstverständlich kann man die Kindergartenzeit noch etwas flexibler als die Schulzeit gestalten. So ist es völlig in Ordnung, in besonderen Fällen ein Kind auch mal zu Hause zu behalten. Verständlich ist auch, wenn Ihr Kind mit älteren Geschwistern, die Schulferien haben, gemeinsam Ferien machen möchte. Denn auch wenn Kinder den Kindergarten als angenehm erleben, ist der Kindergartenalltag trotzdem anstrengend, so dass sie sich – genau wie ihre älteren Geschwister – die Ferien verdient haben. Wenn der regelmäßige Kindergartenbesuch zu einer Selbstverständlichkeit geworden ist, wird ein Kind solche Situationen als etwas Besonderes, den Alltag Bereicherndes empfinden.

Ihr könnt mich wieder abmelden

Für viele Kinder kommt irgendwann die große »Kindergarten-unlust«. Wenn dafür die Gründe gefunden werden, gibt es auch meist eine Lösung.

Marissa ging anfangs mit großer Begeisterung in den Kindergarten. Mittags kam sie immer zum Essen nach Hause, und sie konnte es kaum abwarten, bis sie wieder zu den Freunden und Erzieherinnen zurückdurfte. Wie erschrocken war da die Mutter, als Marissa sich plötzlich weigerte, in den Kindergarten zu gehen! Im Gespräch mit der Erzieherin konnten die Ursachen für diesen plötzlichen Unwillen gefunden werden: Marissa hatte sich einfach zu viel zugemutet. Zu viele Eindrücke waren im Laufe eines Kindergartentages auf sie eingestürmt, als dass Marissa sie noch hätte verarbeiten können. So wechselten sich Phasen großer Unruhe und völliger Ermüdung ab, und Marissa gelang es einfach nicht mehr, sich in Ruhe auf ein Spiel einzulassen. Als sie daraufhin den Kindergarten nur noch am Vormittag besuchte und den Nachmittag in Ruhe zu Hause verbrachte, war die frühere Begeisterung bald wieder hergestellt.

So wie Marissa geht es einigen Kindern. Gerade bei den Jüngeren besteht die Gefahr, dass sie durch eine viel zu große Gruppe überfordert werden. In großen Gruppen ist es der Erzieherin kaum möglich, sich den einzelnen Kindern so intensiv zu widmen, wie es gerade am Anfang nötig wäre. In diesem Fall ist es für die Kinder oft eine große Hilfe, für eine gewisse Übergangszeit nur am Nachmittag in den Kindergarten zu gehen. Denn in vielen Kindergärten sind die Gruppen am Nachmittag etwas schwächer besucht und damit leiser und überschaubarer. Die Erzieherin hat dadurch mehr Zeit, das Spielgeschehen zu beobachten. Nur so kann sie Schwierigkeiten erkennen und dem einzelnen Kind Anregungen und Unterstützung geben. Das Kind wiederum kann die Erzieherin öfter für sich beanspruchen und mit ihrer Hilfe behutsamer in den Kindergartenalltag hineinwachsen. Ein anderes Beispiel für »Kindergartenunlust« bietet Martina: Um ihre Tochter langsam an den Kindergarten zu gewöhnen, brachte die Mutter Martina jeden Tag erst relativ spät in die Gruppe. Was für Martina anfangs eine große Hilfe war, wurde aber nach einiger Zeit zum Problem: Immer wenn Martina kam, spielten die anderen Kinder schon, und Martina benötigte eine gewisse Zeit, um in das Spielgeschehen hineinzukommen. Meist hatten sich schon Spielgruppen gebildet, und die Kinder brauchten oder wollten keine Neuankömmlinge mehr mitspielen lassen. Obwohl die Erzieherin das Kind meist bald in ein Spiel integrieren konnte, haben der häufige schlechte Start und das Gefühl, nicht dazuzugehören, Martina sehr belastet.

Große Gruppen haben Nachteile.

Manchmal kommt es auch zu versteckten Konflikten mit anderen Kindern, die so bedrückend sind, dass ein Kind nicht mehr in den Kindergarten gehen möchte. Dann ist ein Gespräch mit der Erzieherin angezeigt, denn oft genügen ja schon geringe Anlässe oder kleine Missverständnisse, um ein Kind zu verunsichern. Die Bedeutung

Gemeinsam eine Lösung finden.

einer vertrauensvollen und engen Zusammenarbeit zwischen Elternhaus und Kindergarten kann in diesem Zusammenhang gar nicht hoch genug eingeschätzt werden. Gemeinsam lässt sich oft überraschend schnell ein Weg finden, um Kindern zu helfen, wenn es heißt: »Ich will nicht mehr in den Kindergarten!«

Im Übrigen gilt: Kinder brauchen Zeit, um sich an die neue Situation und Umgebung zu gewöhnen. Und sie müssen den Umgang mit den anderen Kindern noch üben. Den Kindergartenbesuch zu unterbrechen ist kein geeignetes Mittel, auf die Konflikte des Kindes zu reagieren.

Das sagt man aber nicht!

Was tun, wenn unser Kind Ausdrücke oder Verhaltensweisen aus dem Kindergarten mitbringt, die es eigentlich nicht lernen sollte?

»Der Kindergarten verdirbt unsere Kinder!« So oder ähnlich mögen viele Eltern schon aufgeseufzt haben, wenn ihr Kindergartenkind ein unmögliches Wort, natürlich in einer unmöglichen und besonders peinlichen Situation, zum Besten gegeben hat.

Wer kennt nicht das Gefühl, im Erdboden versinken zu wollen, weil der eigene Sohn oder die eigene Tochter sich völlig danebenbenimmt, indem er oder sie etwa beim Arzt, beim Einkaufen, im Bus oder bei anderer unpassender Gelegenheit unüberhörbar ein schlimmes Wort hinausposaunt. Die Blicke der anderen, die plötzlich eintretende Stille, alles scheint stummer Vorwurf, Zweifel an den Fähigkeiten der Erziehungberechtigten zu sein.

Viele Eltern beklagen sich darüber, dass ihre Kinder hässliche Ausdrücke und schlechte Angewohnheiten aus dem Kindergarten mit nach Hause bringen. Und dieser Unmut ist nur zu verständlich, wenn man bedenkt, dass die meisten Eltern es zu Hause

Wenn Eltern empört oder betroffen reagieren …

tunlichst umgehen, solche Worte in den Mund zu nehmen, und ständig bemüht sind, schlechte Angewohnheiten zu vermeiden, um ihren Kindern ein gutes Vorbild zu sein. Kaum ist dann der Nachwuchs im Kindergarten, sollen alle Bemühungen umsonst gewesen sein? Doch ganz so schlimm ist es meist nicht. Natürlich lässt es sich kaum ausschließen, dass Kindergartenkinder weniger schöne Ausdrücke von anderen Kindern aufschnappen oder sich schlechte Angewohnheiten »abgucken«. Und es ist nur zu normal, dass sie davon, wie von allem Fremden, fasziniert sind – dann wollen sie die Wirkung natürlich auch zu Hause oder in anderer Umgebung ausprobieren. Die Reaktionen der Eltern, Großeltern und Freunde sind unterschiedlich: Sie reichen von Empörung bis zu betretenem Schweigen. Nicht selten können es die Erwachsenen aber auch kaum verbergen, dass sie sich über den Vierjährigen amüsieren, der mit großen Augen und voll konzentriert »Scheiße« sagt und erwartungsvoll auf eine Reaktion hofft. Eine solche Reaktion hilft zwar oft über die peinliche Situation hinweg, sie führt aber nicht gerade dazu, dass Kinder dieses Verhalten in Zukunft unterlassen. Denn sie haben ein fei-

nes Gespür dafür, wann sie mit bestimmten Verhaltensweisen etwas erreichen, und setzen diese dann selbstverständlich bald wieder ein.
Aber auch starke Empörung oder Betroffenheit und Verunsicherung der Eltern nehmen die Kinder sehr genau wahr, und nicht selten verstehen sie es auch, uns bei nächster Gelegenheit mit ähnlichem Verhalten unter Druck zu setzen.
Am besten wird man wohl den wüsten Wörtern und schlechten Angewohnheiten entgegentreten können, indem man den Kindern in klarem, unmissverständlichem Ton erklärt, dass es sich um kein schönes Wort oder um ein Verhalten handelt, das einem nicht gefällt. Natürlich werden die Kinder trotzdem noch ein paar Mal die Wirkung erproben, aber der Reiz und das Interesse gehen sicher bald verloren, wenn Sie darüber hinweghören und das Kind kein weiteres Aufsehen damit erregt.

Beim zweiten oder dritten Mal einfach ignorieren.

Frau Taler ist doof!

Was steckt dahinter, wenn ein Kind die Erzieherin plötzlich ablehnt?

Melanie geht gerade zwei Wochen in den Kindergarten. In den ersten Tagen schien es ihr sehr gut zu gefallen, und sie erzählte noch ganz fröhlich von der Gruppenleiterin Frau Taler. Das änderte sich plötzlich. Von der anfänglichen Begeisterung für Frau Taler war nichts mehr zu spüren. Fragen der Mutter nach der Gruppenleiterin wich Melanie aus. Später verkündete sie wiederholt, Frau Taler sei doof und sie wolle überhaupt nicht mehr mit ihr spielen.
Die Ursachen für eine Ablehnung der Erzieherin sind oft einfach. Es könnte sein, dass sich die Erzieherin aus der Sicht des Kindes mehr um ein anderes Kind gekümmert, ein anderes Kind auf den Schoß genommen oder beim Kreisspiel zuerst ausgewählt hat. Gerade bei Kin-

Scheinbare Benachteiligung

dergartenneulingen kann das zu einem Gefühl der Benachteiligung und Zurücksetzung führen.

Es ist unbedingt notwendig, mit der Erzieherin zu sprechen, wenn ein Kind sie plötzlich ablehnt und Probleme mit ihr zu haben scheint. Im Gespräch lassen sich oft die Ursachen dafür finden. Häufig ist sich die Erzieherin der scheinbaren Benachteiligung nicht bewusst. Sie kann sich nach einem klärenden Gespräch verstärkt um das Kind kümmern. Gerade Kinder, die noch nicht daran gewöhnt sind, ihre Bezugsperson mit anderen zu teilen, haben mehr Zuwendung nötig.

In Melanies Fall hatte sich Frau Taler am Frühstückstisch neben zwei andere Kinder gesetzt, obwohl Melanie den Platz neben sich für sie freigehalten hatte. Sie traute sich nicht, Frau Taler darauf aufmerksam zu machen, und Frau Taler bemerkte ihr enttäuschtes Gesicht nicht, weil sie gerade abgelenkt wurde.

Eine andere Ursache für eine ablehnende Haltung gegenüber der Erzieherin sind möglicherweise falsch verstandene Äußerungen der Eltern. Als Tom von seinen Erlebnissen im Kindergarten erzählte, fragte sein Vater interessiert nach, wie denn die Erzieherin in bestimmten Situationen reagiert habe. Das hat Tom als Kritik verstanden, und er begann, sich von seiner Erzieherin zurückzuziehen. Aber weil Toms Eltern Kontakt zu ihr hatten, hat Tom schnell gespürt, dass sich seine Eltern und die Erzieherin gut verstanden und ein vertrauensvolles Verhältnis zueinander hatten. Das gab ihm bald wieder ein gutes Gefühl.

Sollte es sich aber um eine unüberwindbare Antipathie handeln, müssen beide Seiten so ehrlich wie möglich miteinander umgehen, um sich nicht unnötig zu verletzen. Es ist schwer, sich so eine Situation einzugestehen.

Ehrlich miteinander umgehen.

Vielleicht hilft nur noch ein Gruppenwechsel. Wenn das nicht möglich ist, können durch Ehrlichkeit vielleicht wenigstens die Spannungen und Unsicherheiten abgebaut werden.

Ein gutes Verhältnis zwischen Kindern und Erzieherin ist von hohem Wert. Schließlich übernimmt die Erzieherin eine wichtige Rolle bei den ersten »Gehversuchen« des Kindes außerhalb der Familie.

Anders als die anderen?

Wenn Eltern am Verhalten ihres Kindes etwas Ungewohntes auffällt, sollten sie im Kindergarten nachfragen, ob ihr Eindruck richtig ist.

Martins Mutter ist besorgt. Immer wieder fällt ihr auf, wie »schusselig«, wie sie sagt, ihr Sohn ist. Greift er nach einer Tasse, stößt er sie häufig um. Geht er die Treppe hinunter, stolpert er über seine eigenen Füße. Löffelt er seine Suppe, kleckert er ... Die Mutter versucht zunächst, sich selbst zu beruhigen. Doch schließlich fragt sie im Kindergarten nach. Sie will wissen, ob Martin auch dort durch seine Tollpatschigkeit auffällt. Die Erzieherin aber kann die Beobachtungen von Martins Mutter nicht bestätigen. Ihr ist an Martins Verhalten nichts Besonderes aufgefallen. Beruhigt ist die Mutter nicht. Sie bittet die Erzieherin darum, Martin noch einmal genau zu beobachten. Die kann auch danach kein Besorgnis erregendes Verhalten erkennen.

Das ungute Gefühl bleibt. Wie viele Eltern fragt sich Martins Mutter, ob sie überbesorgt ist. Oder verhält sich Martin in der Gruppe wirklich so anders als zu Hause? Nimmt sie die Ungeschicklichkeiten ihres Sohnes zu wichtig? Oder handelt es sich vielleicht um ein altersentsprechendes Verhalten?

Manche Verhaltensweisen von Kindern treten oder fallen erst im Kindergarten auf, erst in der Kindergruppe werden sie erkannt oder finden Beachtung. Aber es gibt auch, gerade umgekehrt, Verhaltensweisen, die in der großen Kindergruppe übersehen werden. Besonders aktive Kinder werden dann manchmal ebenso wenig wahrgenommen wie besonders stille Kinder. Dann werden wirkliche Auffälligkeiten erst nach intensiver Beobachtung erkannt. Eltern sollten sich nicht scheuen, die Erzieherin um eine solch intensive Beobachtung zu bitten, wenn auf den ersten Blick nichts Auffälliges am Verhalten des Kindes zu bemerken ist. Es kommt leider vor, dass Probleme selbst dann nicht erkannt werden.

Intensive Beobachtung

So genanntes auffälliges von normalem Verhalten abzugrenzen ist oft schwierig. Die Übergänge sind fließend. Und was für den einen »normal« ist,

ist für den anderen vielleicht schon ein Grund zur Sorge. Es ist aber auch durchaus möglich, dass die Auffälligkeiten nur zu Hause auftreten. Dann sind die Ursachen in der häuslichen Umgebung oder in der Eltern-Kind-Beziehung zu suchen. Im Kindergarten kommen sie nicht zum Tragen.

Die Sorge um das Kind sollte für Eltern immer im Vordergrund stehen. Deshalb ist ein ungutes Gefühl, auch wenn es für andere nicht nachvollziehbar ist, Grund genug, sich die Meinung eines Dritten, wie einer Erziehungsberatungsstelle, einzuholen. Verdeckte Störungen können dort von den speziell ausgebildeten Fachkräften erkannt werden, sie suchen nach Ursachen und nach Auswegen.

Nach Ursachen und Auswegen suchen.

Was ist nur mit dem Kind los?

Wenn die Erzieherin mit den Eltern über die Probleme des Kindes spricht, hat das nichts mit »Schuldzuweisung« zu tun.

Schon seit einiger Zeit fällt Susanne im Kindergarten auf: Sie wird zunehmend aggressiver, und es kommt vor, dass sie scheinbar aus heiterem Himmel andere Kinder ärgert oder gar schlägt. Die Erzieherin beobachtet sie genau, doch das Verhalten von Susanne lässt sich aus der Situation in der Gruppe nicht erklären. Die Ursachen müssen tiefer oder woanders liegen. Weil die Erzieherin Susanne eine Integration in die Gruppe ermöglichen und ihr helfen möchte, wendet sie sich an Susannes Eltern.

Dieser Schritt ist nicht ganz einfach: Eltern fühlen sich verständlicherweise dadurch leicht angegriffen oder gar schuldig. Manchmal ist es ihnen unangenehm, Probleme aus der Familie nach außen zu tragen. Sucht die Erzieherin aus einer Problemsituation heraus das Gespräch mit den Eltern, sollten sie Schuldgefühle gar nicht erst

Schuldgefühle sind unangebracht.

aufkommen lassen. Ihr geht es sicher nicht darum, einen Sündenbock zu finden, wenn sie selbst nicht mehr weiterkommt. Ihr Anliegen ist einzig und allein, die Ursachen für das Verhalten des Kindes aufzuspüren.

Nur wenn Elternhaus und Kindergarten zusammenarbeiten, ohne die Verantwortung aufeinander abzuwälzen, wird es möglich sein, ein tieferes Verständnis für das Kind zu entwickeln und ihm gemeinsam helfen zu können.

Susannes Eltern hatten übrigens den Schlüssel zur Lösung des Problems schon in der Hand: Susanne fühlte sich von der Erzieherin zu wenig beachtet, konnte das aber nur zu Hause in Worte fassen. Im Kindergarten versuchte sie durch ihr Verhalten auf sich aufmerksam zu machen. Umgekehrt wird manchmal aber auch den Eltern ein Problem ihres Kindes überhaupt nicht bewusst, weil es sich erst in der Kindergruppe zeigt und in der Familie gar nicht beobachtet werden kann.

Gemeinsame Sorge

Ich glaube, es ist schon viel gewonnen, wenn eine Nachfrage der Erzieherin von den Eltern nicht als ein Angriff, eine Kritik oder gar Klage verstanden wird. Schließlich entspringt sie doch der gemeinsamen Sorge um das Kind und stellt eine Chance dar, eine schwierige, belastende Situation zu klären und möglichst zu beheben.

Immer fehlt etwas!

Nichts liegen lassen, nichts vergessen, das ist ganz schön schwierig. Manche Kinder sehen die Notwendigkeit dazu noch nicht ein.

Seine Tasche hat David mit nach Hause gebracht – aber ohne Inhalt. Die Brotdose liegt im Kindergarten. Erst gestern musste seine Mutter mit ihm nachmittags dorthin fahren, um Mütze und Handschuhe zu suchen ...

Es kann schon einmal vorkommen, dass ein Kind etwas im Kindergarten vergisst. Viele andere Dinge scheinen einfach wichtiger, und vieles lenkt vor allem ein jüngeres Kind noch stark ab, so dass es nicht daran denkt, was es alles mit nach Hause nehmen sollte. Wenn aber, wie bei David, nahezu täglich Dinge fehlen, oft sogar mehrere gleichzeitig, sollten Eltern und Erzieher nach den Ursachen fahnden. Es ist nicht sinnvoll und auch gar nicht möglich, dass die Erzieherin ständig kontrolliert, ob ein Kind auch alles eingepackt hat, was es mitnehmen muss. Denn so würde das Kind nicht lernen, auf seine Sachen selbst zu achten. Die Erzieherin kann aber beobachten, ob das Kind tatsächlich zu sehr abgelenkt ist oder aber seine Sachen einfach liegen lässt, weil es gar keine Notwendigkeit darin sieht, sich darum zu kümmern. Gerade wenn Eltern vergessenen Dingen immer wieder »hinterherlaufen«, kann das leicht möglich sein.

Kinder brauchen Grenzen.

Manchmal aber möchten die Kinder auch in diesem Bereich ihre Grenzen ausloten: Wie weit kann ich gehen, bis meine Eltern nicht mehr bereit sind, mir meine Dinge hinterherzutragen? In einem solchen Fall ist es meist schon hilfreich, Kinder die natürliche Konsequenz ihrer Vergesslichkeit spüren zu lassen.

So machte es dann auch Davids Mutter in Absprache mit der Erzieherin. Sie erklärte ihrem Sohn, dass sie künftig nicht mehr bereit sei, sich um seine Siebensachen zu kümmern. Als David am nächsten Tag wieder einmal seine

Trinkflasche im Kindergarten liegen lässt, bekommt er am darauf folgenden Tag trotz heftigen Protestes nichts zu trinken mit. Einige Tage später vergisst David seine Mütze im Kindergarten und kann deshalb nachmittags nicht mit seinem Bruder zum Spielplatz gehen. Mit der Zeit lernt David auf diese Weise immer besser, auf seine Sachen zu achten und die Verantwortung dafür zu übernehmen.

Manche Kinder aber scheinen tatsächlich nicht in der Lage zu sein, die nötige Aufmerksamkeit aufzubringen. So zum Beispiel Anita. Sie lässt ständig irgendwelche Dinge liegen, im Kindergarten, zu Hause und an anderen Orten. Auch Anitas Mutter versuchte, das durch konsequentes Verhalten zu ändern – ohne Erfolg. Im Spiel ist Anita sehr unkonzentriert und sprunghaft, kaum kann sie bei einer Sache bleiben, nur selten bringt sie eine angefangene Arbeit zu Ende. Da auch das Verhältnis zwischen Mutter und Tochter bereits sehr gespannt ist, suchen Anita und ihre Mutter eine Erziehungsberatungsstelle auf, wo nach den Ursachen für die Schwierigkeiten gesucht wird, unter denen das Kind selbst zunehmend leidet.

Eltern, die den Eindruck haben, dass ihre Kinder tatsächlich nicht in der Lage sind, auf ihre Sachen zu achten und sie beisammenzuhalten, sollten sich mit ihren Beobachtungen an die Erzieherin wenden. Sollte auch im Kindergarten der Eindruck entstanden sein, dass die Schwierigkeiten des Kindes tiefere Ursachen haben könnten, ist es sinnvoll, sich an eine Erziehungsberatungsstelle zu wenden.

Kinder suchen Grenzen

Wenn es um die Einhaltung sinnvoller Regeln geht, sollten Erzieher und Eltern an einem Strang ziehen – durch Konsequenz gewinnt ein Kind an Sicherheit.

Seit einigen Tagen ist Mara nie fertig, wenn ihre Mutter kommt, um sie abzuholen. Obwohl sie sich längst selbständig anziehen kann, trödelt sie herum und weigert sich meist lautstark, sich weiter anzukleiden. Ärgerlich hilft dann die Mutter beim Anziehen, weil ihr das Aufsehen, das sonst entstünde, sehr unangenehm ist. Das Drama wiederholt sich mehrmals. Dann nimmt die Erzieherin Mara mit in den Gruppenraum, macht ihr ruhig und unmissverständlich klar, dass sie sich selbst anziehen wird, und beschäftigt sich dann mit etwas anderem. Als dem Kind klar wird, dass die Erzieherin nicht nachgibt, zieht sie sich nach kurzem Zögern schließlich an. Nach ein paar Tagen ist der Spuk vorbei: Mara macht sich ohne zu zögern fertig und freut sich, gleich mit der Mutter mitgehen zu können.

Ein anderer Fall: Zu Beginn des Kindergartenjahres erkläre ich den neuen Kindern, dass sie sich von mir verabschieden sollten, wenn sie abgeholt werden. Sonst würde ich sie vermissen und mir große Sorgen machen. Nach einer Gewöhnungszeit scheint diese Regel den Kindern in Fleisch und Blut überzugehen. Auch Ruth hat sich immer daran gehalten. Eines Tages aber vergisst sie scheinbar, was verabredet wurde, und versucht, ohne Verabschiedung zu entwischen. Obwohl die Mutter und die Erzieherin sie daran erinnern und ihr den Sinn der Regel noch einmal erklären, probiert sie es über Tage hinweg immer wieder. Erst als sie merkt, dass ihre Mutter konsequent bleibt und nicht nach Hause geht, bevor Ruth sich verabschiedet hat, gibt sie diese Versuche auf. Warum verhalten sich Mara und Ruth so?

Wie glaubwürdig sind Erwachsene?

Ich habe oft die Erfahrung gemacht, dass Kinder, die sich so benehmen, sichere und verlässliche Grenzen suchen. Sie testen die Glaubwürdigkeit ihrer Eltern und Erzieher aus und sie sind beruhigt, wenn sie erfahren, dass die bekannten Regeln und Grenzen nicht ihre Gültigkeit verlieren, wenn die Situation unangenehm wird oder wenn verschiedene »Erziehungsinstanzen«, wie Eltern und Erzieher, aufeinander treffen. Es ist für die Kinder beruhigend zu spüren, dass alle an einem Strang ziehen. So werden Unsicherheit und Verwirrung vermieden. Es kommt darauf an, Regeln durchschaubar und verständlich zu machen und dann konsequent auf ihre Einhaltung zu achten. Manchmal ist es unangenehm oder zeitaufwendig, konsequent zu sein. Langfristig ist solche Standhaftigkeit aber sinnvoll, denn sie spart später viel Kraft und unnötigen Ärger.

Das kann schon mal passieren!

Wenn ein Kind den Gang zur Toilette nicht rechtzeitig geschafft hat, muss das niemandem peinlich sein.

Abholzeit im Kindergarten: Wieder einmal kommt Martina ihrer Mutter mit einer Tüte in der Hand entgegen. Martinas Mutter weiß, was das bedeutet: Martina hat es nicht geschafft, rechtzeitig auf die Toilette zu gehen, ihre Hose war nass. Ihre Gefühle schwanken zwischen Sorge, Ärger, Hilflosigkeit und nicht zuletzt Scham. Obwohl in den meisten Kindergärten die Kinder vor der Aufnahme »sauber« sein sollen, ist dies keine seltene Begebenheit, sondern eher Kindergartenalltag.

Sie ist auch ohne weiteres nachvollziehbar und hängt mit der für die Kinder neuen Situation im Kindergarten zusammen: Oft trauen sie sich noch nicht, allein aufs Klo zu gehen, oder können sich in der fremden Umgebung noch nicht orientieren. Manche können ihre Scheu noch nicht überwinden, die Erzieherin um Hilfe zu bitten. Andere sind so in das Geschehen um sie herum vertieft, dass sie den Gang zur Toilette einfach vergessen. Jede Erzieherin wird Verständnis für diese Kinder haben und ihnen ohne viel Aufhebens weiterhelfen.

Kein Anlass zur Sorge!

Auch bei Kindern, die schon längere Zeit den Kindergarten besuchen, kann es vorkommen, dass sie sich nicht rechtzeitig von ihrem Spiel trennen konnten und keine Zeit hatten, auf die Toilette zu gehen. Auch in diesem Fall besteht sicher kein Anlass zur Sorge.

Doch was ist, wenn ältere, kindergartenerfahrene Kinder immer wieder einnässen? Wichtig ist, dass Eltern und Erzieher einander nicht – aus falsch verstandener Scham oder weil ihnen die Situation peinlich ist – aus dem Weg gehen. Denn wie bei allen Problemen in der Kindergartenzeit sollte in erster Linie gemeinsam nach den Ursachen geforscht werden, um den Kindern helfen zu können. Die Erzieherin wird zunächst klären wollen, ob das Kind auch zu Hause manchmal eine nasse Hose hat oder ob ihm das nur im Kindergarten passiert. Es ist ganz wichtig, ehrlich zu sein, denn die Erzieherin will die Eltern sicher nicht bloßstellen, sondern sie ist bemüht zu erfahren, ob die Ursachen vielleicht im Kindergarten zu suchen sind. Manuel zum Beispiel hatte nur im Kindergarten Schwierigkeiten, rechtzeitig aufs Klo zu gehen. Nach einiger Zeit stellte sich heraus, dass er sich gerade in einem für ihn sehr belastenden Konkurrenzkampf befand. Ein Gang zur Toilette war für ihn verbunden mit der Sorge, sein neuer Freund, den er ganz für sich haben wollte, könnte sich einem anderen Kind zuwenden.

Wer die Ursachen kennt, kann helfen.

Maria hatte in der großen Kindergruppe das Gefühl unterzugehen und versuchte auf diesem Weg, Aufmerksamkeit und Zuwendung zu erhalten. Eine Erzieherin, die diesen Hilferuf versteht, wird bemüht sein, das Einnässen wenig zu beachten und dem Kind in anderen Situationen entsprechend mehr Zuwendung und Verstärkung zukommen zu lassen.

Auch aus anderen Gründen können Kinder im Kindergarten überfordert oder angespannt sein und deswegen den Gang zur Toilette nicht schaffen. Wenn die Erzieherin weiß, dass die Ursachen in der Gruppe zu finden sind, kann sie sicher Abhilfe schaffen. Sollte ein älteres Kind aber zu Hause häufiger oder plötzlich wieder einnässen, müssen die Ursachen in einem größeren Rahmen gesucht werden. Oft sind es für uns Erwachsene Kleinigkeiten, die Kinder

Zu große innere Anspannung?

stark verunsichern und belasten und die Auslöser für die Störung sind. Nach meiner Erfahrung ist Einnässen oft Ausdruck einer inneren Anspannung, deren Gründe manchmal gar nicht so leicht festzustellen sind. Häufig hilft schon verstärkte, auch körperliche Zuwendung, zum Beispiel regelmäßige abendliche Massagen. Diese Form der intensiven Zuwendung löst Verspannung und Verkrampfungen und bewirkt oft schon eine Veränderung.
Sollte das Problem aber länger andauern und sind organische Ursachen ausgeschlossen, kann vielleicht eine Erziehungsberatungsstelle bei der Ursachenfindung weiterhelfen. Sie sollten diesen Schritt nicht scheuen, um Ihrem und besonders dem Leidensdruck der Kinder ein Ende zu bereiten.

Wenn die Erzieherin geht

Ein Erzieherinnenwechsel ist für Kinder ein großer Einschnitt. Wie können wir ihnen die Umstellung erleichtern?

In jeder Kindergartengruppe kommt es irgendwann zu einem Erzieherinnenwechsel. Die meisten Eltern fragen sich, wie ihr Kind die Veränderung verkraften wird und ob es Möglichkeiten gibt, sie ihnen zu erleichtern.
Zunächst sind die Eltern und oft auch die Erzieherin erstaunt, wie wenig die Kinder auf die Ankündigung des bevorstehenden Wechsels reagieren. In diesem Alter leben sie ganz in der Gegenwart und können sich kaum schon vorher mit einer kommenden Situation auseinander setzen. Das sollte aber die Eltern und Erzieherin nicht davon abhalten, die Kinder immer wieder auf die bevorstehende Änderung hinzuweisen und vorzubereiten.

Der Wechsel einer Erzieherin ist ein großer Einschnitt.

Jede Erzieherin hat ihre eigene Art, mit den Kindern umzugehen, ihren persönlichen Erziehungsstil. Er ist den Kindern lieb geworden und hat ihnen Sicherheit und Geborgenheit gegeben. Gerade für Kinder mit größeren Startschwierigkeiten nimmt ihre erste Erzieherin eine besonders wichtige Stelle ein. Es ist nur zu gut verständlich, dass ein Wechsel für sie ein großer Einschnitt ist. Kommt es gerade dann dazu, wenn sich einzelne Kinder gerade erst eingewöhnt haben, möchten Eltern, aber auch Erzieher, ihnen möglichst lange nichts davon erzählen, um sie nicht zu beunruhigen. Es ist sicher richtig, die Kinder nicht schon Monate vorher mit der bevorstehenden Situation zu konfrontieren, weil ein zu langer Zeitraum für sie nicht überschaubar ist. Sie aber erst ganz kurz vorher oder gar nicht darauf vorzubereiten würde die Umstellung extrem erschweren. Außerdem bestünde die Gefahr, dass sie die Neuigkeit von anderen Kindern oder aus Gesprächen der Erwachsenen aufschnappen. Dann aber wären die Verwirrung und Verunsicherung so groß, dass sich Probleme beim Übergang kaum noch vermeiden ließen.

Für alle Kinder bedeutet ein Wechsel in der Gruppe, dass der Verlust des vertrauten Menschen verkraftet und eine neue Beziehung aufgebaut werden muss. Diese Beziehung wird anders sein als die, die ein Kindergartenneuling mit seiner ersten Erzieherin aufgebaut hat. Der reibungsloseste Übergang ist dort möglich, wo es die Erzieherin verstanden hat, zu den Kindern eine gute Beziehung herzustellen, ohne sie zu sehr an sich zu binden. Die meisten Erzieher sind darauf bedacht, die Kinder zu immer größerer Unabhängigkeit zu führen. Trotzdem sind Startschwierigkeiten kaum zu vermeiden.

Erst den Verlust verkraften.

Sie sollten deshalb nicht zu sehr beunruhigt sein, wenn es zunächst nicht so gut zu laufen scheint. Viele Kinder müssen erst das Gefühl, im Stich gelassen worden zu sein, verdauen. Dabei kann es leicht zu Aggressionen gegen die neue Erzieherin kommen, die ihnen zunächst nichts recht machen kann. Verständnis für ihre Wut und Traurigkeit hilft ihnen, allmählich mit der neuen Situation zurechtzukommen.

Vertrauen in die neue Erzieherin haben.

Es ist ganz wichtig, dass die Eltern und die neue Erzieherin so früh wie möglich miteinander ins Gespräch kommen können, um Verständnis füreinander und Vertrauen zueinander zu entwickeln. Die Erzieherin wird bemüht sein, den Eltern ihren Erziehungsstil, auch die eine oder andere Änderung zu erklären. Offenheit der Eltern hilft sicher auch den Kindern, die Übergangsphase zuversichtlich durchzustehen. Viele Kinder werden versuchen, ihre Möglichkeiten und Grenzen bei der neuen Erzieherin auszutesten, und sie sogar provozieren, um zu erfahren, wo ihre Schwächen liegen und wie weit sie bei ihr gehen dürfen. Die Nachfolgerin, die sich von den Eltern verstanden und akzeptiert weiß, wird mit dieser Situation leichter und schneller fertig und wird eher von der Gruppe anerkannt werden. Natürlich birgt ein Erzieherinnenwechsel durchaus auch Chancen, eröffnen sich doch einer Gruppe, aber auch einzelnen Kindern neue Perspektiven und Möglichkeiten.

Ich möchte zurück in meinen Kindergarten!

Ein Wohnortwechsel und der damit verbundene Kindergartenwechsel ist für Kinder eine große Belastung. Wir können ihnen helfen, wenn wir ihren Kummer ernst nehmen.

Den Kummer und den Schmerz ernst nehmen.

Lisa zieht mit ihren Eltern um – heute verbringt sie nicht nur den letzten Tag in ihrem vertrauten Kinderzimmer, in ihrer gewohnten Umgebung und mit ihrem Freund Peter, dem gleichaltrigen Nachbarsjungen, heute ist auch ihr letzter Tag im Kindergarten gekommen. Lisa besucht den Kindergarten seit knapp eineinhalb Jahren. Nach größeren Startschwierigkeiten hat sie sich sehr gut eingelebt. Sie fühlt sich als einen Bestandteil der Gruppe und der bevorstehende Abschied von ihrem Kindergarten und den Erzieherinnen fällt ihr sehr schwer. Obwohl sie gemeinsam mit ihren Eltern bereits den neuen Kindergarten besucht hat und auf diese Weise bereits eine Vorstellung von ihrem künftigen Kindergarten hat, macht ihr das die Trennung kaum leichter. Schließlich kann sie ihre Tränen nicht mehr zurückhalten. Die Erzieherin nimmt Lisas Kummer und Schmerz ernst und versucht nicht, ihn herunterzuspielen. Sie zeigt Verständnis für Lisas Tränen und lässt sie ihre Gefühle ausdrücken.
Drei Tage später besucht Lisa zum ersten Mal den Kindergarten an ihrem

neuen Wohnort. Zunächst hält sie sich sehr zurück und beobachtet das Geschehen um sie herum. Hin und wieder beantwortet sie die Fragen der Kinder oder lässt sich für kurze Zeit in ein Spiel mit einbeziehen. Die Erzieherin versucht ihr den Start zu erleichtern, indem sie sich Lisa verstärkt zuwendet. Sie fragt sie nach den Spielen und Gepflogenheiten ihres »alten« Kindergartens und bietet ihr an, das eine oder andere genauso zu spielen. Trotz dieser Bemühungen erzählt Lisa ihrer Mutter oft, dass im alten Kindergarten alles viel besser war: Die Erzieherin war viel freundlicher, das Gruppenzimmer viel schöner, das Spielzeug viel besser, die Kinder viel netter ... Immer wieder äußert sie den Wunsch, wieder in den »alten« Kindergarten zurückzukehren. Auch die Mutter nimmt den Kummer ihrer Tochter ernst und bemüht sich, ihr geduldig zuzuhören und für sie da zu sein, wenn ihre Tochter ihren Kummer mit jemandem teilen möchte.
Es dauert einige Wochen, bis Lisa den größten Schmerz überwunden hat, doch mit der Zeit hat sie sich eingelebt und fühlt sich wohl. Die seelischen Wunden, die durch die Trennung verursacht wurden, sind verheilt.

Die Kinder brauchen Zeit.

Kinder, die durch einen Umzug zu einem Kindergartenwechsel gezwungen sind, haben ganz einschneidende Veränderungen zu verkraften. Das gesamte Umfeld, die Freunde, die häusliche Umgebung, alles verändert sich völlig. Selbst wenn wir versuchen, unsere Kinder auf die bevorstehenden Veränderungen vorzubereiten, wird es ihnen doch schwer fallen, sich vorzustellen, was das im Einzelnen für sie bedeutet. Ein wenig konkreter wird es, wenn wir mit ihnen den neuen Wohnort, die neue Wohnung und den neuen Kindergarten vorher aufsuchen. Trotzdem werden die Kinder einige Zeit brauchen, bis sie mit der neuen Situation fertig werden. Deshalb ist es besonders wichtig, sich in dieser Situation Zeit für die Kinder zu nehmen, auch wenn das im Umzugsstress manchmal schwer fällt. Eltern und Erzieherin sollten ein offenes Ohr für die Sorgen und Nöte der Kinder haben, die bei allen Veränderungen auch noch gezwungen sind, neue Freunde zu finden und sich einen Platz in einer fremden Kindergruppe zu erobern. Das wird nicht immer ohne Schwierigkeiten gelingen, und der Verlust der alten Freunde wird manchmal schmerzhaft bewusst werden. Aus der daraus resultierenden Hilflosigkeit und Enttäuschung entsteht oft eine Wut, die sich zunächst ganz willkürlich gegen alles und jeden richtet. Kinder versuchen dieser Wut Luft zu machen, indem sie über all die neuen, vermeintlich schlechteren Dinge schimpfen. Wir sollten Kindern die Gelegenheit geben, Wut und Trauer zum Ausdruck zu bringen, und ihnen zeigen, dass wir sie ernst nehmen, indem wir ihre Klagen nicht entkräften, sondern sie zulassen und indem wir ihnen helfen, auch die guten Seiten an der neuen Situation zu sehen, auch wenn sie sie zunächst weder sehen können noch wollen.

Wenn die Wunden erst spät zu Tage treten …

Nicht immer heilen die Wunden so schnell, wie die Erwachsenen es sich wünschen, manchmal treten sie auch erst später zu Tage, nicht unmittelbar nach der Trennung. Anton schien der Abschied von der alten und der Start in der neuen Umgebung leicht zu fallen. Er feierte mit seinen alten Freunden den Abschied und verließ lachend und winkend den Kindergarten. In der neuen Gruppe fand er schnell Anschluss und schien sich bald wohl zu fühlen. Zu Problemen kam es erst Wochen später, als Anton plötzlich nicht mehr in den Kindergarten gehen wollte. Darauf von seiner Mutter befragt, ließ er kaum ein gutes Haar am Kindergarten, den Erzieherinnen und den Kindern und äußerte den Wunsch, in den »alten« Kindergarten zurückzukehren. Als die Eltern und Erzieherinnen sich besprachen, wurde schnell deutlich, dass sein Verhalten eine verspätete Folge des Kindergartenwechsels war. Beide Seiten wollten sich in der nächsten Zeit besonders intensiv um Anton kümmern, um Versäumtes der letzten Wochen nachzuholen. Dadurch, dass Anton den Wechsel so problemlos zu verkraften schien, war er im Umzugsstress und im Kindergarten wohl etwas zu kurz gekommen. Die vermehrte Zuwendung seitens der Eltern und der Erzieherinnen half Anton, mit der Zeit tatsächlich Fuß zu fassen in seiner jetzigen Umgebung.

Wichtig für alle Beteiligten ist es zu wissen, dass Kinder nach einem so gewaltigen Einschnitt in ihre Lebensgewohnheiten Zeit, Geduld und Zuwendung benötigen. Ablehnung, Wut und Aggression sind meist nicht persönlich gemeint, sondern Ausdruck von Kummer, Schmerz und Hilflosigkeit.

Läuse – was nun?

Es kommt immer mal wieder vor, dass Kinder Läuse haben. Das ist weder ein Grund, sich zu schämen, noch nach »Schuldigen« zu suchen.

Gleich am Morgen fiel der Erzieherin auf, dass Horst sein Spiel in der Bauecke immer wieder unterbrach, um sich am Kopf zu kratzen. Als er am nächsten Tag deswegen sogar das Memoryspiel unterbrechen musste, wurde ihre Ahnung vom Vortag zur Sicherheit: Horst hatte Läuse.

Zunächst unterrichtete die Erzieherin ihre Kolleginnen und bat sie, auch die Kinder in ihren Gruppen zu beobachten. Das ist sehr wichtig, denn Läuse kriechen sehr schnell von einem Kopf zum anderen, wenn die Kinder miteinander spielen. Da sich die Gruppen im Garten treffen, ist es wahrscheinlich, dass auch andere Kinder von den Läusen befallen werden. Entdecken die Erzieherinnen noch mehr kratzende Kinder, werden sie nicht nur deren Eltern, sondern die Eltern aller Kinder benachrichtigen.

Es gibt keinen Schuldigen.

Leider werden dann häufig Schuldige gesucht. Die gibt es aber nicht! Oft sind mehrere Kinder gleichzeitig, manchmal sogar mehrere örtliche Kindergärten und Schulen betroffen. Jeder kann von Läusen befallen werden, mangelnde Hygiene spielt dabei keine Rolle. Gerade in einer Kindergruppe, in der Spielgefährten immer wieder die Köpfe zusammenstecken und in der Garderobe die Bekleidung eng beieinander hängt, ist eine Übertragung besonders leicht möglich. Es ist ganz wichtig, dass Eltern nicht nach »Schuldigen« fragen und vielleicht sogar im Beisein ihrer Kinder Mutmaßungen darüber anstellen, wer die Läuse »eingeschleppt« hat. Kinder schnappen leicht solche Verdächtigungen auf und verbreiten sie in der Gruppe. Dadurch kann es zu schlimmen Beschuldigungen, Diskriminierungen und zur Isolation von bestimmten Kindern kommen.

Sollte das eigene Kind von den Parasiten befallen werden, gilt es gleich dagegen anzugehen, damit eine weitere Ausbreitung in der Familie, in der Schule oder am Arbeitsplatz vermieden wird. Sollten Eltern den Befall zuerst bemerken, ist es hilfreich, den Kindergarten davon in Kenntnis zu setzen, damit die Erzieherinnen die anderen Kinder beobachten und entsprechend handeln können.

Um eine weitere Ausbreitung zu vermeiden, werden Horsts Eltern sofort verständigt. Horst wird zu Hause bleiben, bis er nach Anwendung eines bestimmten Mittels von einem Arzt die Bestätigung erhält, dass er frei von Läusen ist und den Kindergarten wieder besuchen kann.

Näheres zum Thema Läuse:

Die 2 bis 3 mm großen Läuse leben vom Blut des Menschen. Sie bringen beim Stechen in die Kopfhaut Speicheldrüsensekret in die Wunde, wodurch starker Juckreiz entsteht. Die Kratzstellen können sich entzünden. Am häufigsten findet man die Kratzstellen am Nacken, an den Schläfen und hinter den Ohren. Die Nissen (Eier der Läuse) sehen wie Schuppen aus. Im Gegensatz zu diesen kleben die Nissen aber fest am Haar. Die Lebensdauer der Weibchen beträgt 40 Tage, in dieser Zeit legen sie etwa 90 Eier ab.

Freundschaften im Kindergarten

Freunde finden ist nicht schwer

Eltern können Freundschaften ihrer Kinder aus dem Kindergarten auf vielfältige Weise fördern.

Häufig lernen Eltern die Freunde ihrer Kinder aus dem Kindergarten erst beim Kindergeburtstag kennen. Doch um Freundschaften zu erhalten und zu vertiefen, genügt es nicht, nur einmal im Jahr gemeinsam Geburtstag zu feiern.

Freundschaften leben von gemeinsamen Erlebnissen.

Freundschaften, insbesondere Kinderfreundschaften leben von gemeinsamen Erlebnissen. Mit wenig Aufwand lassen sich dazu vielseitige Gelegenheiten finden.

Der einfachste Weg sind gegenseitige Besuche der Kinder zu Hause. Die Kinder lieben es, sich für den Nachmittag zu verabreden. Damit sie gemeinsam auch einmal etwas Besonderes erleben können, ist es wichtig, dass sich auch die Eltern miteinander in Verbindung setzen. Wagen Sie es ruhig, den ersten Schritt zu tun, vielleicht wartet die andere Mutter nur darauf, dass Sie die Einladung Ihres Kindes bestätigen.

Ist der Kontakt erst einmal hergestellt, kann es viel Spaß machen, gemeinsam Fahrrad zu fahren oder sich im Schwimmbad zu treffen. Was spricht dagegen, das Kind einer berufstätigen Mutter zum Mittagessen einzuladen,

Unzählige Möglichkeiten gemeinsamer Freizeitgestaltung

zum Schwimmkurs oder in die Kinderturngruppe mitzunehmen? Für viele Kinder ist es auch ein tolles Erlebnis, bei ihren Freunden zu übernachten.

Es gibt unzählige Möglichkeiten, wie Kinder ihre Freizeit außerhalb des Kindergartens oder der Schule miteinander verbringen können. Jede ihrer Freundschaften wächst mit den gemeinsamen Erlebnissen, sie machen vertiefte Sozialerfahrungen und die Basis für ein enges Gemeinschaftsgefühl wird geschaffen.

Oft haben solche engen Kinderfreundschaften einen sehr schönen Nebeneffekt: Auch der Freundeskreis der Eltern wächst, weil sich gemeinsame Interessen treffen oder weil man sich gegenseitig helfen kann. Etwa die Kinder abholen, wenn die Mutter krank ist, oder sie gegenseitig während eines Arztbesuchs oder Einkaufsbummels betreuen. Das Vorbild der Eltern lässt Kinder den Wert von Freundschaften hautnah und wirkungsvoll erfahren.

Bei uns war das Ergebnis einer solchen Freundschaft sogar schon ein gemeinsamer Urlaub, bei dem die Kinder Spielpartner hatten und die Eltern Gelegenheit fanden, zu zweit etwas zu unternehmen. Ein Beispiel, das Mut machen kann!

Unzertrennliche Freunde

Zwei Kinder tun sich zusammen, spielen nur noch miteinander, kapseln sich von der Gruppe ab. Sind so enge Freundschaften im Kindergarten sinnvoll?

Sarah geht gern in den Kindergarten. Denn dort trifft sie Katharina, ihre beste Freundin. Die beiden Mädchen sind unzertrennlich, spielen am liebsten zu zweit, sitzen beim Essen nebeneinander, und wenn die eine morgens mit Zöpfen im Kindergarten erscheint, kann man sicher sein, dass die andere an diesem Tag die gleiche Frisur trägt.

Gegen enge Freundschaften ist an sich nichts einzuwenden. Feste Freundschaften geben einem Kind Sicherheit. Und meist ist ja trotz einer engen Beziehung, die zwei Kinder zueinander haben, noch Platz für andere Freunde und gemeinsame Spiele.

Platz für andere Freunde und gemeinsame Spiele sollte vorhanden sein.

Bei Sarah und Katharina ist das aber nicht der Fall. Sie beziehen sich ausschließlich aufeinander, kapseln sich zunehmend von den anderen Kindern und der Erzieherin ab, schließen andere aus. Selbst wenn die beiden Mädchen einmal nicht die gleichen Spielinteressen haben, wenden sie sich nicht anderen Kindern zu, sondern einigen sich untereinander, indem eines der Mädchen sein Interesse zurückstellt. Die Erzieherin findet es bedenklich, wenn einem Kind die eigenen Interessen nicht wenigstens hin und wieder so am Herzen liegen, dass auch mit anderen Kindern ein Spiel möglich ist, selbst wenn der beste Freund oder die Freundin nicht mitspielen möchte.

Wenn die eigenen Interessen zurückgestellt werden …

Auch Sven und Oliver sind enge Freunde. Oliver kommt morgens meist später als Sven und wird ganz selbstverständlich in das Spiel mit einbezogen, das sein Freund zuvor mit anderen Kindern begonnen hat. Obwohl Oliver auch mit anderen Kindern spielt, ist seine Beziehung zu Sven doch äußerst eng – so eng, dass er sich bei allen Spielen nach Sven richtet und seine eigene Interessen zurückstellt. Schwierig wird es, als Sven eines Tages nicht in den Kindergarten kommt. Oliver sitzt lange Zeit allein am Tisch und beobachtet die Tür. Er ist nicht in der Lage, allein oder mit anderen Kindern seiner Gruppe ein Spiel zu beginnen. Als er erfährt, dass Sven krank ist, will er auch nicht länger im Kindergarten bleiben. Die Erzieherin hat alle Mühe, ihn davon zu überzeugen, sich auf ein Spiel mit ihr einzulassen und erst viel später spielt er mit anderen Kindern.

Weder die Freundschaft zwischen Sarah und Katharina noch die zwischen Sven und Oliver ist ideal. Eine wichtige Aufgabe des Kindergartens ist es, »soziales Lernen« zu ermöglichen, jedes Kind dazu zu befähigen, sich in einer Gruppe zurechtzufinden, in der die verschiedenen Temperamente aufeinander treffen. Die Kinder sollen dazu befähigt werden, gemeinsam miteinander zu spielen, sich fair zueinander zu verhalten und innerhalb einer Gemeinschaft ihre Rolle zu finden. All das ist nicht möglich, wenn sich zwei Kinder derart isolieren. Die anderen Kinder wiederum ärgern sich häufig über eine so enge, ausschließliche Freundschaft, und manchmal geraten die zwei Freunde dadurch noch mehr in die Isolation.

Wenn zwei sich streiten

Eltern sind manchmal ratlos, wenn ihre Kinder mit den besten Freunden streiten! Wie sollen sie sich verhalten? Im Kindergarten wird auch das Streiten gelernt.

Konflikte gehören zum Leben.

Seit einem Jahr gehen Hanna und Beret in den Kindergarten. Sie sind in dieser Zeit richtig gute Freundinnen geworden, und sie haben sich auch schon öfter nachmittags oder am Wochenende getroffen. Die Eltern sind allerdings erstaunt, dass es dabei immer wieder Streit zwischen den doch so engen Freundinnen gibt. Sie wissen nicht so recht, wie sie sich dann verhalten sollen, und wenden sich an die

Kindergärtnerin. Sie erfahren, dass Konflikte im Kindergarten dazugehören, ja die Erzieherin bewertet die Auseinandersetzungen sogar eher positiv. Die Kinder würden auf diese Weise lernen, sich abzugrenzen, nachzugeben und sich nach einem Streit wieder zu versöhnen und zum gemeinsamen Spiel zu finden.

Bei Schwierigkeiten, die gerade befreundete Kinder miteinander haben, geht es im Kindergarten allerdings oft nicht so heftig zu. Das mag daran liegen, dass der Kindergarten so etwas wie ein neutraler Raum ist und in der Kindergruppe Ausweichmöglichkeiten bestehen. Kinder, die nicht in der Lage sind, ihre Kontroverse zu beheben, können sich andere Spielpartner suchen, bis sich die Wogen wieder geglättet haben und ein gemeinsames Spiel wieder möglich wird.

Zu Hause ist die Notwendigkeit sich zusammenzuraufen größer, zugleich aber auch schwieriger. Oft müssen Grenzen neu gesteckt und Regeln neu festgelegt werden, bevor das gemeinsame Spiel wieder aufgenommen werden kann. Im Kindergarten gehört das Spielmaterial allen, und es gibt Regeln, die für alle gleichermaßen Gültigkeit haben. Wenn der Freund oder die Freundin im Kindergarten gerade andere Interessen hat, muss er oder sie nicht überredet werden, weil es ohnehin leichter ist, einen anderen Spielpartner zu finden.

Nicht gleich einmischen!

Eltern sollten den Streitenden zunächst die Chance geben, eine eigene Lösung zu finden, und sich auf keinen Fall gleich einmischen. Kinder bewältigen einen Streit eher, wenn sie ihn selbst beenden, als wenn sie zu Kompromissen überredet werden oder vorgefertigte Lösungen der Erwachsenen annehmen.

Konflikte, ob im Kindergarten oder zu Hause, gehören zum täglichen Miteinander. Kinder, die lernen, selbständig damit umzugehen, haben einen bedeutenden Schritt in Richtung sozialer Reife getan.

Mein Kind findet keine Freunde

Wenn unser Kind Schwierigkeiten hat, auf andere zuzugehen – wie können wir ihm helfen?

Viele Eltern bringen ihre Kinder in den Kindergarten, um ihnen Kontakte zu anderen Kindern zu ermöglichen. Umso beunruhigter sind sie, wenn ihnen die Erzieherin von Kontaktschwierigkeiten ihrer Kinder berichtet. Sie halten es ja gerade für die Aufgabe des Kindergartens, mit solchen Schwierigkeiten der Kinder umzugehen und ihnen dabei zu helfen.

Was bedeutet es aber, wenn die Erzieherin von Kontaktschwierigkeiten spricht, und wie können Erzieher und Eltern gemeinsam dem Kind helfen?

Eingeschränkte Kontaktfähigkeit

Bei dreijährigen Kindern ist die Kontaktfähigkeit entwicklungsgemäß noch eingeschränkt. Dreijährige spielen selten schon richtig mit anderen Kindern, sie spielen eher nebeneinander als miteinander. Viele Kinder kommen in diesem Alter in den Kindergarten und müssen langsam in die Gruppe hineinwachsen. Mit zunehmendem Alter entwickelt sich die Fähigkeit zu kooperativem Tun – also zum Zusammenspiel. Dies ist natürlich ein langsamer, von den Erwachsenen unterstützter Prozess. Nicht jedes Alleinspielen deutet also auf ein Kontaktproblem hin.

Anders bei der fast fünfjährigen Hanna. Sie besucht schon seit einiger Zeit den Kindergarten und ist eine schüchterne Einzelgängerin. Sie verhält sich passiv und wird von den anderen häufig übersehen oder einfach nicht beachtet. Hanna wartet darauf, dass die anderen Kontakt zu ihr aufnehmen, und hat deshalb bisher kaum Anschluss gefunden.

Kontaktschwierigkeiten müssen aber nicht unbedingt bedeuten, dass ein Kind gar keine Berührungspunkte mit anderen Kindern hat. Es ist auch möglich, dass ein Kind zwar Kontakt zu den anderen hat, dass es sich aber nicht konstruktiv in eine Gruppe eingliedern kann.

Micha zum Beispiel zerstört immer wieder, was andere aufgebaut haben, und Maria fällt oft mit der Tür ins Haus und wirkt auf ihr Gegenüber plump oder gar grob. Beide, Micha und Maria, nehmen zwar Kontakt zu anderen Gruppenmitgliedern auf, tun dies aber in unangemessener Form. Die anderen erschrecken, wenden sich ab, ziehen sich zurück oder reagieren ihrerseits aggressiv, weil sie Michas und Marias Verhalten nicht als Kontaktsuche verstehen.

Um solchen Kindern helfen zu können, ist es für die Erzieherin wichtig zu erfahren, wie sie zu Hause Kontakt zu anderen aufnehmen. Nur so kann die Erzieherin abschätzen, ob Ursachen für die Schwierigkeiten in der Kindergartengruppe zu suchen sind oder ob die Kinder sich auch in einem anderen Umfeld ähnlich verhalten.

Wie nehmen Kinder außerhalb des Kindergartens Kontakt zu anderen auf?

Auch bei Hanna, Micha und Maria brachte ein Austausch mit den Eltern wertvolle Informationen:

Hanna verhielt sich schon früher auf dem Spielplatz sehr scheu und zurückhaltend. Ihre forsche kleine Schwester übernahm die Kontaktaufnahme. War sie nicht dabei, sprang die Mutter ein. Hanna war daran gewöhnt, dass sie nicht selbst aktiv werden musste, um Anschluss zu bekommen. Es ging also darum, ihr Mut zu machen, selbst auf andere zuzugehen.

Bei Micha und Maria stellte sich heraus, dass ihre Art der Kontaktaufnahme daheim durchaus angebracht war, weil sie dort nur mit älteren Kindern zusammen waren, bei denen diese Formen des Umgangs üblich und anerkannt waren. Anders hätten die beiden kaum Beachtung gefunden. Alternativen hierzu hatten sie noch kaum kennen gelernt; hier konnte die Erzieherin ansetzen.

Eltern und Erzieher sollten sich bewusst machen: Aggression und Zerstörungswut entspringen oft dem Gefühl, ausgeschlossen zu sein, und sind in dem übergroßen Wunsch begründet, zu anderen Kindern in Beziehung zu treten.

Petra greift zu einem anderen Mittel, um Anschluss zu finden: Sie verteilt in ihrer Gruppe oft Bonbons, um sich Zuwendung zu »kaufen«. Ihre Erfolge sind natürlich nur von kurzer Dauer, gilt die Zuwendung doch nicht ihr, sondern den Süßigkeiten. Schon bald verknüpft Petra an die Ausgabe der Bonbons die Bedingung, mit ihr zu spielen.

Kinder mit Kontaktschwierigkeiten haben oft ein schlechtes Selbstbewusstsein.

Petra glaubt, sie selbst sei es nicht wert, mit ihr zu spielen, Süßigkeiten seien mehr wert als sie. Ich habe oft beobachtet, dass Kinder mit Kontaktschwierigkeiten kaum oder gar kein Selbstwertgefühl haben. An erster Stelle sollte es deshalb sowohl im Kindergarten als auch zu Hause darum gehen, Unsicherheiten abzubauen und das Selbstwertgefühl eines Kindes zu stärken, weil Unsicherheit hemmt oder konfliktfreie Kontaktsuche überhaupt blockiert.

Falsche Freunde

Wie sollen sich Eltern verhalten, wenn sie meinen, ihr Kind schließe sich genau den Kindern an, die einen schlechten Einfluss auf sie haben?

Der vierjährige Felix geht seit einigen Monaten in den Kindergarten. Er hat sich gut eingelebt und auch Freunde gefunden. Von Anfang an hat ihn Sven beeindruckt. Sven ist mit seinen sechs Jahren der Älteste in der Gruppe und wird ein bisschen als der »Anführer« betrachtet. Seit kurzem hat er Felix in sein »Gefolge« aufgenommen. Felix tut fast alles, was Sven von ihm möchte, und ahmt ihn nach. Felix' Mutter ist darüber nicht sehr glück-

lich. Es gefällt ihr gar nicht zu sehen, wie sich Sven als »Herrscher« aufspielt. Als Sven Felix zu Hause besucht, beobachtet sie, wie er ihren Sohn herumkommandiert und versucht, ihn unter Druck zu setzen, wenn er nicht tut, was Sven möchte. Eines Nachmittags plündern beide den Kühlschrank und richten ein vollständiges Durcheinander an. Bisher war Felix nur nach Erlaubnis seiner Mutter an den Kühlschrank gegangen. Als er eines Tages beginnt, mit Kraftausdrücken um sich zu werfen, beschließt sie, mit der Erzieherin zu sprechen.

Nicht der richtige Umgang?

Felix' Mutter ist der Meinung, dass Sven nicht der richtige Umgang für Felix ist und einen schlechten Einfluss auf ihn hat. Sie hält ihn auch für zu alt im Umgang mit Felix. Doch sie ist ratlos. Was soll sie tun?

Den Umgang mit bestimmten Kindern zu verbieten, wenn sie dieselbe Gruppe im Kindergarten besuchen, ist kaum möglich. Das Zusammensein von Kindern hat auch selten ausschließlich negative Auswirkungen. Der Ursprung von Kinderfreundschaften liegt ja meist in gemeinsamen Spielinteressen. Sinnvoller ist es, sich deutlich von den Verhaltensweisen abzugrenzen, die einem unbehaglich sind. Werden bestimmte Spielregeln nicht eingehalten, kann das schon einmal dazu führen, dass der Freund oder die Freundin frühzeitig gehen muss oder vorerst nicht mehr kommen darf. Aber jeglichen Umgang zu untersagen, auch im Kindergarten, und womöglich auch noch die Erzieherin dieses Verbot überwachen zu lassen ist sicher nicht der richtige Weg. Es würde nur verhindern, dass die Kinder mit der Zeit selbst spüren und darüber entscheiden können, mit wem sie wirklich gerne zusammen sind. Kinder stellen fast immer irgendwann fest, dass sie ausgenutzt werden und »falsche Freunde« haben.

Felix' Mutter bekommt von der Erzieherin den Rat, Felix den Umgang mit Sven nicht zu verbieten. Beide spielen begeistert Memory, und auch in anderen Bereichen können die beiden viel miteinander anfangen. Zu Hause sollte Felix' Mutter im konkreten Fall eingreifen und zum Beispiel deutlich sagen, dass sie Kraftausdrücke nicht hören will und die beiden nicht ohne ihre Erlaubnis an den Kühlschrank gehen dürfen. Sven – so sollte sie klarstellen –

müsse lernen, dass er sich an die Regeln zu halten habe, die bei Felix' Familie gelten. Kinder verstehen und akzeptieren fast immer, dass es diese unterschiedlichen Regeln und Gepflogenheiten gibt, und auch Sven wird nach und nach lernen, sich daran zu halten.

Spätestens mit dem Kindergarten- oder Schuleintritt haben Eltern nicht mehr die Möglichkeit, für die Kinder die Freunde auszuwählen. Sie treffen dort mit vielen verschiedenen Kindern zusammen. Diese Vielfältigkeit ist auch immer eine Bereicherung für die Kinder und führt schließlich auch zu Verständnis und Toleranz für die Lebensweise anderer.

Freundschaften lassen sich nicht verbieten.

Freundschaft ohne Altersgrenzen

Altersgemischte Gruppen im Kindergarten haben sowohl für die älteren als auch für die jüngeren Kinder viele Vorteile.

Von Anfang an, seit sie im Kindergarten ist, spielt die knapp vierjährige Margit fast ausschließlich mit der sechsjährigen Kathrin. Die beiden finden sich täglich zusammen zum Rollenspiel in der Puppenecke ein und sind unzertrennlich. Kathrins Mutter freut sich, dass ihre Tochter eine Freundin gefunden hat. Aber sie fragt sich auch: Besteht nicht die Gefahr, dass die Freundschaft zu einem viel jüngeren Kind Kathrin in ihrer Entwicklung hemmt?

In den meisten Kindergärten sind altersgemischte Gruppen heute selbstverständlich, und deshalb äußern auch viele Eltern von älteren Kindern diese Befürchtung. Sie ist meiner Meinung nach unbegründet. Zunächst müssen wir bedenken, dass auch gleichaltrige Kinder mit völlig unterschiedlichen Erfahrungen, Interessen und Fähigkeiten im Kindergarten zusammenkommen. In manchen Bereichen, wie Sprache oder Motorik, entwickeln sich die Kinder unterschiedlich, das eine schneller, das andere langsamer. Gruppen

Wechselseitige Bereicherung

mit Kindern unterschiedlichen Alters ermöglichen es, dass jedes Kind Freunde findet, die seinem Entwicklungsstand entsprechen.

Aber auch altersbedingte Unterschiede sind wichtig: Sie bieten den älteren Kindern die Möglichkeit, soziales Verhalten wie etwa Rücksicht oder Hilfsbereitschaft zu üben, während die jüngeren davon wiederum lernen. Die Kinder regen sich also gegenseitig an, helfen und trösten einander und lernen, gemeinsam Konflikte zu lösen. So werden sie unabhängiger von den Erzieherinnen, die dadurch wiederum mehr Zeit für die Kinder finden, die noch Hilfe oder Spielanregung brauchen.

Die altersgemischte Gruppe bedeutet also eine Bereicherung für alle Kinder. Die jüngeren freuen sich, wenn die älteren sich ihnen zuwenden, sie in ein Spiel einführen, ihnen helfen und sie beschützen. Die älteren fühlen sich bestätigt, sie gewinnen Selbstvertrauen und es tut ihnen gut, bewundert zu werden. Gerade bei Konflikten, die sie momentan nicht lösen können oder die sie stark verunsichern, flüchten sich die Großen oft zu den Jüngeren, bis sie wieder genug Kraft haben, sich den Konflikten zu stellen.

Kathrin hat übrigens aus ihrer Freundschaft mit Margit großen Nutzen gezogen: Als eher scheues und unsicheres Kind baute sie erst im Umgang mit der jüngeren Freundin langsam so viel Sicherheit und Selbstvertrauen auf, dass sie sich mit der Zeit auch gleichaltrigen Kindern ohne Angst zuwenden konnte.

Eltern im Kindergarten

Der Elternbeirat im Kindergarten

Der Kindergartenbeirat kann manches bewegen – es kommt auf das Miteinander an.

Eltern und Erzieher sind Partner.

Eltern und Erzieher im Kindergarten sollen Partner sein. Gemeinsam haben sie das Ziel, zum Wohl der Kinder beizutragen. Das kann nur gelingen, wenn Elternhaus, Kindergarten und auch der Träger zusammenarbeiten. Diese Zusammenarbeit zu unterstützen ist eine der wichtigsten Aufgaben des Elternbeirates.
Der Elternbeirat wird jährlich am Anfang des Kindergartenjahres, also im September oder Oktober, von allen Eltern aus ihrer Mitte gewählt. Die Anzahl der Mitglieder ist abhängig von der Anzahl der Kinder beziehungsweise der Kindergruppen, also von der Größe des Kindergartens. Seine Aufgaben sind im Kindergartengesetz geregelt. Weil die Kindergartengesetze in den einzelnen Bundesländern unterschiedlich sind, differieren auch die Rechte und Pflichten des Beirates in den einzelnen Bundesländern. Sie reichen von einer beratenden Funktion über das Recht, angehört zu werden, bis hin zum Mitsprache- und Mitentscheidungsrecht. Wie erfolgreich der Elternbeirat arbeiten kann, hängt sehr davon ab, wie gut das Miteinander zwischen Elternbeirat, Erzieherinnen, Träger und allen Eltern funktioniert. Offenheit und Gesprächsbereitschaft sind wichtige Voraussetzungen, damit ein gutes Klima zwischen allen Beteiligten entstehen kann. In allen Belangen, die die

Kinder, Eltern und Erzieherinnen unmittelbar betreffen, kann ein engagierter Elternbeirat versuchen, die Interessen dieser zum Ausdruck zu bringen: Er kann Anregungen und Themenvorschläge für Elternabende oder -kurse einbringen, sich an der Festgestaltung beteiligen, für Eltern, die mehr Kontakt zueinander wünschen, einen Elternstammtisch ins Leben rufen ... Die Möglichkeiten sind so vielfältig wie die Kindergärten, Eltern und Erzieher. Hier gilt es, die Bedürfnisse zu erkennen und aktiv zu werden.

In einem mir bekannten Kindergarten hielten zum Beispiel sehr viele Eltern die Öffnungszeiten für ungünstig: Bei den bestehenden Öffnungszeiten war es vielen Müttern ohne Auto nicht möglich, in der nahe gelegenen Stadt ihrem Beruf nachzugehen, weil der Bus sie erst 15 Minuten nach Kindergartenschluss wieder zurückgebracht hätte. Der Elternbeirat erkannte das Problem und ermittelte den tatsächlichen Bedarf. Da eine Änderung angezeigt schien, wandte sich der Elternbeirat an die Erzieherinnen und den Träger der Einrichtung und gemeinsam wurde beraten, wie bedarfsorientierte Öffnungszeiten möglich gemacht werden konnten.

Der Elternbeirat kann viel bewirken.

Allerdings sind die Bemühungen des Elternbeirates nicht immer von Erfolg gekrönt. Die Eltern müssen sich darüber im Klaren sein, dass fast alle Entscheidungen letztlich vom Träger getroffen werden und deshalb manchmal vom guten Willen, aber auch von finanziellen Mitteln oder anderen Bedingungen abhängen. Dass der Elternbeirat aber manchmal mehr bewirken kann als die Erzieherinnen, die ihrem Arbeitgeber gegenüber ja zur Loyalität verpflichtet sind und sich in einem gewissen Abhängigkeitsverhältnis befinden, zeigt folgendes Beispiel:

In einem Kindergarten stehen vier Gruppenräume zur Verfügung. Ein Gruppenraum steht schon seit einiger Zeit leer, dafür sind die bestehenden drei Gruppen überfüllt und jüngere Kinder müssen abgewiesen werden. Auch für das kommende Kindergartenjahr ist keine Änderung der Situation in Sicht. Alle Bemühungen der Erzieherinnen um die Öffnung der vierten Gruppe bleiben erfolglos, weil es dem Träger an finanziellen Mitteln mangelt. Nun sind aber auch die Eltern nicht

Gemeinsam stark

mehr länger bereit, die bestehende Situation, die sie für eine große Belastung für ihre Kinder und die Erzieherinnen halten, länger hinzunehmen. Der Elternbeirat mobilisiert alle Eltern, sammelt Unterschriften, informiert sich über Bestimmungen und finanzielle Unterstützungsmöglichkeiten beim zuständigen Jugendamt und führt Gespräche mit Bürgermeister und Gemeinderat. Schließlich stellt sich heraus, dass durch die Öffnung der vierten Gruppe mehr Personalkostenzuschuss fließen würde und dass der Elternbeirat die Möblierung und Ausstattung der vierten Gruppe durch eine nicht unerhebliche finanzielle Unterstützung und durch Eigenleistung erbringen müsste. Die Öffnung der dringend benötigten vierten Gruppe wurde durch Einsatz aller Beteiligten möglich gemacht. Den Geldbetrag haben die Eltern und Erzieherinnen übrigens mit vom Beirat organisierten oder unterstützten Aktionen erwirtschaftet. Vom Kuchenverkauf über einen Kinderkleiderbazar bis hin zum Sommerfest – alles war darauf ausgerichtet, die neue Gruppe zu ermöglichen.
Ich halte das für ein schönes Beispiel, das zeigt, was die Zusammenarbeit aller Beteiligten bewirken kann! Ganz nebenbei sind sich Eltern und Erzieherinnen näher gekommen und fühlen sich enger miteinander verbunden.

Elternsprechstunde schon im Kindergarten?

Um Näheres über das eigene Kind zu erfahren, reicht ein Gespräch zwischen Tür und Angel meist nicht aus.

Viele Eltern fragen sich, wie es ihrem Kind im Kindergarten geht, ob es sich zurechtfindet und normal entwickelt. Sie gehen davon aus, dass die Erzieherin sie schon informieren wird, wenn es auffällige Verhaltensweisen zeigt oder wenn Schwierigkeiten auftreten. Hin und wieder fragen sie die Erzieherin »zwischen Tür und Angel« nach ihrem Kind und sind beruhigt zu hören, dass »alles gut geht« und das Kind nicht auffällig ist. Diese eher oberflächliche Betrachtungsweise birgt aber einige Gefahren, denn bei einer Gruppenstärke von 25 und mehr Kindern kann die Erzieherin die Entwicklung jedes einzelnen Kindes in den verschiedenen Bereichen oft gar nicht so genau im Auge haben.

Ich habe die Erfahrung gemacht, dass es sowohl für die Eltern als auch für mich als Erzieherin eine große Hilfe ist, ein Kind immer wieder genau zu beobachten und die Ergebnisse unserer Beobachtungen gemeinsam zu besprechen und zu reflektieren. So ist gewährleistet, dass es sich bei dem Eindruck nicht nur um Momentaufnahmen handelt, sondern jedes Kind in seiner Gesamtpersönlichkeit wahrgenommen wird und auch kleine Entwicklungsschritte bemerkt werden. Hierfür ist es gut, im Gespräch zu bleiben, auch wenn keine Probleme im Raum stehen. In den großen Gruppen besteht die Gefahr, dass Kinder, deren Verhalten auffällt, die Erzieherin sehr in Anspruch nehmen und ruhigere, eher unauffällige Kinder weniger Beachtung finden.

Genaue Beobachtung

Ina zum Beispiel war ein unauffälliges Kind, das die Aufmerksamkeit der Erzieherin nur selten in Anspruch nahm. Sie machte einen ruhigen und ausgeglichenen Eindruck, war sehr selbständig und schien sich in der Gruppe wohl zu fühlen. Die Eltern achteten trotzdem auf regelmäßigen Kontakt zur Erzieherin. Als ein neues Kind in die Gruppe kam, kam es vermehrt zu Konflikten und Reibereien. Ina zog es immer häufiger vor, allein zu spielen, und suchte immer weniger Kontakt zu anderen Kindern, um Streitereien aus dem Weg zu gehen.

Gerade weil Ina ein eher ruhiges und unauffälliges Kind war, bestand die Gefahr, diese Veränderungen zunächst nicht zu bemerken. Weil sich aber Inas Eltern und ihre Erzieherin regelmäßig über ihre Entwicklung austauschten, bemerkte die Erzieherin das veränderte Verhalten sehr schnell und konnte Ina rechtzeitig Hilfestellung leisten, bevor sie sich zu sehr zurückzog und dieses Vermeidungsverhalten für Ina zu einem ernsten Problem werden konnte.

Regelmäßiger Austausch

Aufgrund vieler ähnlicher Erfahrungen halte ich es für wichtig, dass sich Eltern und Erzieher regelmäßig austauschen. Nur so ist gewährleistet, dass alle

Gezielte Vorbereitung

am Erziehungsprozess Beteiligten als Partner zusammenarbeiten können und Verständnis für die Verhaltensweisen eines Kindes entwickeln – nicht selten verhält sich ein Kind im Kindergarten ganz anders als zu Hause!

Besonders effektiv sind Elterngespräche dann, wenn sich Eltern und Erzieher gezielt darauf vorbereitet haben. Das bedeutet, dass die Erzieherin am besten anhand eines Beobachtungsbogens die Entwicklung eines Kindes in den verschiedenen Bereichen genau beobachtet, sich also intensiv mit dem Kind beschäftigt. Sie hat dadurch die Möglichkeit, das Kind in seinem Sozial- und Spielverhalten und in vielen anderen Bereichen einschätzen zu können und seine Entwicklung kontinuierlich wahrzunehmen. Auch Eltern sollten ihr Kind zu Hause genau beobachten, um gezielt Fragen stellen zu können.

Solche Gespräche sind natürlich nicht mehr zwischen Tür und Angel möglich. Es ist sinnvoll, mit der Erzieherin einen Termin zu vereinbaren. Ich habe oft erlebt, wie wichtig und fruchtbar dieser Austausch sein kann – es lohnt sich, sich dafür Zeit zu nehmen! Nicht zuletzt deshalb, weil eine Basis des Vertrauens entsteht, die auch bei Schwierigkeiten die Zusammenarbeit wesentlich erleichtert – zum Wohl unserer Kinder!

Eltern als Gäste

Besuchstage bieten eine gute Möglichkeit, den Kindergartenalltag kennen zu lernen.

Manfred ist ganz aufgeregt, zum ersten Mal ist heute seine Mutter in seiner Kindergartengruppe zu Besuch. Bevor Manfred ein Spiel beginnen kann, muss er seiner Mutter viele Dinge zeigen: den riesigen Turm, den er gestern gebaut hat; das neue Puzzle; sein Lieblingsbilderbuch, von dem er ihr so oft erzählt hat. Die anderen Kinder lassen sich kaum in ihrem Spiel stören. Und als Manfreds Mutter beginnt, ihrem Sohn sein Lieblingsbuch vorzulesen, gesellen sich bald noch ein paar Kinder dazu. Manfreds Mutter ist nicht der erste Gast in der Gruppe, deshalb wissen die Kinder schon, dass die »Gastmutter« erst allerhand zu sehen bekommt, bevor sie mit ihrem und anderen Kindern spielen kann.

Aber nicht nur die Kinder, sondern auch die Eltern, die in die Gruppe kommen, sind auf den Besuch vorbereitet. Die Erzieherin hat, bevor sie den Eltern die Möglichkeit für einen Besuch eröffnet hat, einen Elternabend für alle Interessierten durchgeführt. Die Eltern haben erfahren, dass sich die Kinder, ganz besonders die eigenen Kinder, bei einem Besuch anders als sonst in der Gruppe verhalten, bis sie sich an die Besuche gewöhnt haben. Es wurde vereinbart, dass die Besuchstermine vorher gemeinsam ausgewählt werden, um zu vermeiden, dass ein Besuch in einen ungünstigen Zeitraum fällt. Wenn die Gruppe nicht stabil ist, wenn neue Kinder dazugekommen sind oder eine andere belastende Situation besteht, wäre ein Gast vielleicht ein Störfaktor. Außerdem wurde vereinbart, dass immer nur ein Besucher in die Gruppe kommt. Alle erhielten vorher wichtige Hinweise für das eigene Verhalten, um nicht zu große Unruhe in die Gruppe zu bringen.

Den Besuch vorbereiten.

Unter diesen Voraussetzungen sind Besuchstage eine gute Möglichkeit, nicht nur Einblick in den Kindergartenalltag zu erhalten, sondern auch das eigene Kind in der Kindergruppe zu beobachten.

Ich habe in meiner Gruppe bemerkt, dass alle Seiten davon profitieren, denn nicht selten regen Eltern zu neuen Spielen an, und die Kinder freuen sich über einen zusätzlichen Spielpartner. Die Eltern können die Erzieherin in der Gruppe erleben und beobachten, wie sie Kinder zum Spielen und Mitmachen motiviert oder wie sie bei Konflikten reagiert. Sie können so auch für sich die eine oder andere Anregung mit nach Hause nehmen. Es ist unbedingt notwendig, dass sich Eltern und Erzieher zu einem späteren Gespräch zusammensetzen, um sich austauschen zu können. Obwohl das Angebot für die Erzieherinnen zunächst einen erheblichen Arbeitsaufwand mit sich bringt, weil der Elternabend vorzubereiten und durchzuführen ist, Gespräche vor- und nachbereitet werden

Für alle ein Gewinn.

müssen und vieles mehr, ist es für sie doch eine gute Möglichkeit, ihre Arbeitsweise im Freispiel und während einer angeleiteten Beschäftigung darzustellen. Eltern, die auf diese Weise in das Gruppengeschehen einbezogen wurden, sind meist gerne bereit, als Begleitpersonen mitzukommen, wenn die Erzieherinnen einen Ausflug, einen Besuch beim Bäcker oder Ähnliches durchführen wollen. Dabei ist es von Vorteil, dass sich Eltern und Kinder schon ein bisschen kennen. Ein möglicher Nachteil bei einer solch intensiven Auseinandersetzung mit den Eltern darf aber nicht verschwiegen werden: Weil der Besuch den Eltern freigestellt ist, kommen in vielen Fällen dieselben Eltern mehrmals, andere dagegen nie. Das kann verschiedene Gründe haben, gerade berufstätige Mütter oder Väter haben kaum eine Möglichkeit, in den Kindergarten zu kommen. Dadurch kann schon einmal Eifersucht unter den Kindern entstehen. Vielleicht ist es ja möglich, auf den Nachmittag auszuweichen?

Seltene Gäste: die Väter

Die Väter beteiligen sich in der Regel kaum am Kindergartengeschehen. »Väterabende« sind eine gute Möglichkeit, das Eis zu brechen.

Elternabend im Kindergarten – vielerorts zeigt sich immer wieder das gleiche Bild: Nur wenige Väter sind zwischen den relativ zahlreich erschienenen Müttern zu sehen. Woran liegt das? Frage ich Väter nach den Ursachen ihres seltenen Erscheinens, argumentieren sie häufig, dass die Mütter eben mehr Interesse an den Elternabenden hätten, weil es doch sie seien, die die meiste Zeit mit den Kindern verbringen und ihre Freuden und Sorgen, ihre Bedürfnisse am besten kennen. Aber ist es nicht gerade deshalb besonders wichtig, dass sich die Väter darum bemühen, am Leben ihrer Kinder mehr teilzunehmen und sich einen Einblick zu verschaffen in die Welt ihrer Kinder, also auch in den Kindergarten?

Anfangs engagierte Väter bekunden zudem, ein »komisches Gefühl« so allein unter den viel stärker vertretenen Müttern zu haben. Ich habe versucht, dieses Hindernis aus dem Weg zu räumen, und einen Spieleabend nur für Väter angeboten. Beachtlich viele Väter haben die Einladung angenommen! Ihre anfängliche Zurückhaltung überwanden sie bei gemeinsamen Spielen mit erfreulicher Spontaneität schnell. Sie zeigten viel Interesse für das Spielmaterial. Mancher Papa war von der Vielseitigkeit der Angebote überrascht und hat das eine oder andere Spiel entdeckt, das ihm selbst viel Spaß gemacht hat. Den späteren Erzählungen der Kinder konnte ich entnehmen, dass der Umgang der Väter mit den Kindern zu Hause dadurch vielfach eine Bereicherung erfahren hat, weil die Eltern Spiele für sich und ihre Kinder neu entdeckt haben – der Anstoß ging von den Vätern aus!

Allein unter lauter Frauen?

Gleichzeitig hat die Zusammenarbeit zwischen Elternhaus und Kindergarten sehr von der Integration der Väter in die »Frauendomäne« Kindergarten profitiert. Für mich als Erzieherin ist es von großem Wert, die Väter und ihre Sicht auf die Familie, die Kinder, den Kindergarten zu kennen. So kann ich manche Erziehungsfrage, manches

Väter sehen vieles anders.

Problem aus einer anderen, neuen Perspektive betrachten. Eine noch engere Zusammenarbeit mit den Eltern wird möglich, die in jedem Fall den Kindern zugute kommt.
Motiviert durch die positiven Auswirkungen dieses ersten »Vaterabends«, veranstaltete ich im November einen weiteren Elternabend nur für Männer, nämlich ein »Laternenbasteln für Väter«. Auch hier ergaben sich vielfältige Gesprächsmöglichkeiten rund um Kind, Familie und Kindergarten, die bestimmt weiter dazu geführt haben, Schranken abzubauen. Die Kinder waren sehr stolz auf die Werke ihrer Väter, und ein schöner Nebeneffekt war, dass viele von ihnen mit ihren Kindern am Laternenumzug teilnahmen.
Ein ähnliches Erlebnis dieser Art bereitete eine Familien-Fahrradrallye, die die Beziehung zwischen Vater und Kind und die Beziehungen innerhalb der ganzen Familie bereichert hat. Es gibt für Kinder nichts Schöneres und Wichtigeres als gemeinsame Erlebnisse, an die sie sich gerne zurückerinnern.
Leider sind engagierte Väter trotz dieser Erfolge noch immer in der Minderheit. Ich glaube aber, dass es sich lohnt, nach Wegen zu suchen, sie ins Kindergartengeschehen mit einzubeziehen. Väter beim Elternabend bereichern immer die Diskussion. Es werden Themen diskutiert, die in der Familie oft nicht zur Sprache kommen. Der manchmal etwas anderen, väterlichen Sichtweise Raum für Verständnis zu geben, kann eine Bereicherung für alle Beteiligten sein – die Kinder, Väter, Mütter und auch die Erzieherin.

Engagierte Väter sind leider häufig in der Minderheit.

Ich kann nur empfehlen, vom Kindergarten aus gelegentlich Angebote speziell für Väter zu machen, die es ihnen erleichtern, erste Schritte in Richtung Kindergarten zu tun. Und die Mütter möchte ich ermutigen, die Männer mehr in die Zusammenarbeit mit dem Kindergarten einzubeziehen. Meine Erfahrung hat gezeigt, dass viele Väter durchaus Interesse daran haben, abwechselnd oder gemeinsam mit ihrer Frau an den Aktionen und Elternabenden im Kindergarten teilzunehmen. Es schafft die Basis für ein harmonisches und vertrauensvolles Miteinander, das dem Trend der Zeit – der zunehmenden Entfremdung zwischen Vätern und Kindern – entgegenwirkt!

Sommerfest – Spaß für alle

Aus dem Sommerfest kann gerade durch die Mitwirkung der Eltern für alle ein Fest des fröhlichen, entspannten Miteinanders werden.

Ostern und Muttertag sind gerade vorbei, da beginnen in vielen Kindergärten schon die Vorbereitungen für das Sommerfest. Es soll – abgesehen davon, dass es aufs gemeinsame Feiern ankommt – die Chance bieten, den Eltern einen Eindruck von der Arbeit mit den Kindern zu vermitteln.
Der finanzielle Aspekt, also die Möglichkeit, auf dem Sommerfest zusätzlich etwas Geld zum Beispiel für Spielmaterial einzunehmen, ist dabei nicht unwichtig. Die Erzieherinnen investieren von daher einige Zeit in die Vorbereitungen von Preisen und Tombolagewinnen.
Es besteht auch die Möglichkeit, dass Eltern bei den Vorbereitungen und bei der Durchführung mitwirken. Nicht nur, indem sie Kuchen backen und bei der Bewirtung der Gäste helfen. Eltern können sich vielleicht an Nachmittagen oder Abenden treffen, um Preise für die Spiele oder Gegenstände für einen Bazar zu basteln, zu handarbeiten und zu bauen oder um zum Beispiel einen Spieleparcours zu entwerfen. Sie könnten für die Kinder auch ein kürzeres Theaterstück einüben oder ein Stegreifspiel mit wenigen Utensilien planen. Diese Einbeziehung der Eltern hat ganz entscheidende Vorteile: Das Miteinander der Eltern wird gefördert, und oft kommt es bei solchen Aktivitäten zu einem ersten, ganz ungezwungenen Kontakt. Und Spaß macht es außerdem. Für die Erzieherinnen bleibt auf diese Weise die Möglichkeit, mit den Kindern ohne große Vorbereitung die gängigen Lieder und Singspiele vorzutragen. Auf diese Weise ist dann wirklich ein Einblick in das Kindergartengeschehen gewährleistet.

Die Eltern machen mit!

Wenn die größeren Kinder etwas Neues einüben und vorführen wollen, ist das trotzdem möglich.
Auf Showeffekte sollte auf dem Sommerfest ganz verzichtet werden. Wenn dann noch die neuen Kindergartenkinder mit ihren Familien eingeladen werden, kann fröhlich miteinander gefeiert, gesungen und gespielt werden.

Das letzte Jahr im Kindergarten

Der Übergang in die Schule

Sind Vorschulmappen noch aktuell?

Als striktes Lernprogramm sicher nicht …

Der Schaden ist oft größer als der Nutzen.

Die meisten Eltern erwarten von ihrem Kindergarten, dass ihr Kind gefördert und auf die Schule vorbereitet wird. In diesem Zusammenhang taucht immer wieder die Frage nach Vorschulmappen auf. Viele Eltern kennen sie noch aus der Kindergartenzeit ihrer großen Kinder oder von Bekannten. Der Einsatz von gezielten Trainingsprogrammen scheint sinnvolles und kontrollierbares Lernen erst möglich zu machen. Es stellt sich deshalb die Frage, welche Berechtigung die Vorschulblätter im Kindergarten haben. Aus mei-

ner Sicht wird ihr Wert häufig zu hoch eingeschätzt – leider auf Kosten des Spiels, dessen Bedeutung in diesem Zusammenhang oft unterschätzt wird.
Ich meine, dass ganze Programme, die von allen Kindern von vorn bis hinten durchgearbeitet werden müssen, mehr schaden als nützen. Gerade für Kinder, die noch ihre Schwierigkeiten mit den Aufgabenstellungen haben, bedeuten sie eine Tortur. Das verleidet ihnen im schlimmsten Fall nicht nur den Kindergartenbesuch, sondern hemmt auch ihre Lernfreude. Ich kann mir vorstellen, dass Vorschulblätter, unter Druck eingesetzt, sogar Ängste vor der Schule erzeugen, weil Kinder mit diesen Erfahrungen auch ihre Vorstellungen von der Schule verknüpfen.
Nun sagen manche Eltern und auch manche Erzieher, dass die Kinder Freude an den Arbeitsblättern haben. Aber sind das nicht die ohnehin schon »Guten«, die auf diese Weise ihre Fähigkeiten unter Beweis stellen können? Vielleicht auf Kosten all jener Kinder, die nicht viel mit dieser Form des Lernens anfangen können, die dafür aber leidenschaftlich gern Memory spielen und dadurch ihr Gedächtnis und ihre Merkfähigkeit üben. Oder die durch geschicktes und phantasievolles Bauen mit Klötzen und dergleichen ihre Feinmotorik, Mengen- und Größenvorstellung und vieles mehr schulen.

Spielend lernen.

Vorschulprogramme haben nur dann eine Berechtigung, wenn sie als Angebot für die Kinder verstanden werden, als Ergänzung zu anderem, gut ausgewähltem Spielmaterial.
Weil kein Kind gezwungen werden soll mitzumachen, habe ich in meiner Gruppe ein »Vorschulfach« eingerichtet mit Übungsblättern, die einen Bezug zum aktuellen Rahmenplan oder anderen aktuellen Situationen in der Gruppe haben. Die Blätter sind aus verschiedenen Förderbereichen ausgewählt und unterschiedlichen Schweregrades. Die einen sollen zu genauem Hinsehen und Vergleichen anregen, andere das Farbenerkennen oder die Mengenvorstellung vertiefen und vieles mehr. Immer aber sollen die Blätter Spaß machen, und es soll für alle Kinder unterschiedlicher Entwicklungsstufen etwas dabei sein. Die Aufgaben bestehen zum Beispiel darin, Bilder zu ergänzen, Bildgeschichten zu ordnen, Größen zu sortieren ...

Hin und wieder: Ja! Regelmäßig: Nein!

Ich biete die Blätter nicht regelmäßig und zu festgesetzten Zeiten an, da ich möchte, dass die Kinder spontan und mit Freude an die Sache gehen. Außerdem soll ihnen nicht zu viel Bedeutung zukommen. In manchen Kindergärten soll der regelmäßige Gebrauch sogar dazu geführt haben, dass kranke Kinder gebracht wurden, um nichts zu versäumen.
Ich halte es für wichtig, die Übungsgruppen klein zu halten und falsche Ergebnisse der Kinder nicht negativ zu bewerten. Zu groß ist die Gefahr, die Kinder unter Druck zu setzen und ihnen Unrecht zu tun. Ich hänge auch keine Übungsblätter aus. Wir Eltern und Erzieherinnen neigen dazu, die Arbeiten der Kinder miteinander zu vergleichen. Dabei übersehen wir leicht, wie sehr sich gerade das Kind angestrengt hat, dem noch Fehler unterlaufen sind. Unsere Kritik würde es sicher mutlos machen.
Kinder lernen das am besten, was sie gerade brauchen. Deshalb sind diejenigen, die wenig Interesse an Übungsblättern haben, nicht im Nachteil, wenn sie genügend Spielmöglichkeiten und Spielanregungen erhalten!

Aufgaben für die Großen

Wenn die Einschulung bevorsteht, werden viele »Große« kindergartenmüde. Sie brauchen neue Aufgaben!

Jörg besucht seit zwei Jahren den Kindergarten. Bisher ging er mit großer Begeisterung dorthin. Oft wollte er sogar nachmittags in den Kindergarten, weil er unbedingt noch etwas fertig bauen musste oder sich mit anderen Kindern verabredet hatte. Doch in letzter Zeit ändert sich das: Immer häufiger versucht Jörg, dem Kindergartenbesuch aus dem Weg zu gehen. Er beklagt sich über Langeweile und »Babykram«. Jörgs Mutter macht sich Sorgen, es sind noch fast zwei Monate bis zu den großen Ferien. Danach wird Jörg in die Schule kommen.

Ähnliche Erfahrungen machen auch andere Mütter von Kindern, die ihre letzten Wochen im Kindergarten verbringen. Auch Erziehern sind diese Phasen nicht fremd. Woher kommt die Unlust der vormals oft begeisterten Kindergartenkinder? Ist sie ein Grund zur Sorge? Soll man die kindergartenmüden Großen zu Hause lassen oder ihnen besondere Attraktionen anbieten? So unangenehm diese Übergangsphase für Eltern und Erzieher ist, bedeutet sie doch in der Regel ein positives Zeichen in Bezug auf die Entwicklung und die Schulreife der Kinder. Nur selten wissen diese Kinder tatsächlich gar nichts mehr mit sich und den anderen anzufangen. Obwohl sie schon viele Spiel- und Beschäftigungsmöglichkeiten ausgeschöpft haben, gelingt es den Erzieherinnen meist schon noch, sie zu motivieren und zu fesseln. Bezeichnend für den Beginn der Übergangsphase vom Kindergarten- zum Schulkind ist ein verstärktes Bedürfnis nach Spielen, die höhere Ansprüche an sie stellen. Die Kinder haben nicht mehr so viel Interesse an Wiederholungen, die ihnen lange Zeit ein Gefühl von Sicherheit und Vertrautheit vermittelt haben, sondern sind ständig an Neuem interessiert. Sie wollen gefordert und herausgefordert werden und versuchen immer häufiger, sich im Leistungsvergleich miteinander zu messen. Ihr ganzes Streben geht hin zu mehr Selbstbestimmung und Selbständigkeit.

Spiele mit höherem Anspruch

Wichtig ist jetzt, dass die Spiel- und Beschäftigungsangebote den veränderten Bedürfnissen der Kinder entsprechen. Das bedeutet, dass sie verstärkt zu selbständigem und selbstbestimmtem Spiel angeregt werden und auch schon mal etwas dürfen, was bisher nicht erlaubt, weil zu schwierig oder gefährlich war.

Auf die Bedürfnisse eingehen.

Auch Jörg ging wieder lieber in den Kindergarten, nachdem die Erzieherin ihm eine wichtige Aufgabe übertragen hatte: Er kümmerte sich verantwortungsvoll um die Zimmerpflanzen der Gruppe, hegte und pflegte sie und zog selbst Ableger nach. Der Kindergartenbesuch hatte für ihn wieder einen Sinn bekommen, er fühlte sich wichtig und gebraucht, und wie von selbst fand er auch wieder zu einem intensiven Spiel. Die Übertragung von Ämtern, die für die

Verantwortung übernehmen.

ganze Gruppe von Bedeutung sind, und das Zuteilen von besonderen Aufgaben können dem Verlangen der Kinder nach mehr Verantwortung entgegenkommen. Sie können ihnen das Gefühl geben, dass ihnen eine besondere Bedeutung in der Gruppe zukommt.

Es gibt aber noch eine andere Möglichkeit, den veränderten Bedürfnissen der Vorschulkinder gerecht zu werden und für sie den Kindergartenbesuch wieder attraktiver und spannender zu gestalten. In manchen Kindergärten werden den Großen regelmäßig Angebote gemacht, die nur ihnen vorbehalten bleiben. Diese Angebote sind besonders für die Kinder reizvoll, die vielleicht schon das dritte Jahr den Kindergarten besuchen und tatsächlich vieles langweilig und uninteressant finden. Es gibt Kindergärten, in denen den Vorschulkindern einmal wöchentlich eine Rhythmikstunde angeboten wird. In anderen Kindergärten wird in letzter Zeit häufig versucht, die Großen spielerisch an eine Fremdsprache wie Englisch oder Französisch heranzuführen. Die einen gründen eine Theatergruppe, die anderen eine Tanz-, Werk- oder Töpfergruppe. Möglichkeiten gibt es sicher viele, und es kommt darauf an, die Interessen und Neigungen der Kinder zu erkennen und aufzugreifen.

Allerdings sollten wir bei all den Möglichkeiten, die sich bieten, nicht außer Acht lassen, dass der Spaß und die Freude am Tun im Vordergrund stehen sollten und nicht die Absicht, Kinder möglichst intensiv zu fördern. Zudem sollte nicht ein Angebot das andere jagen, denn auch wenn manchmal ein anderer Eindruck entsteht, ist bei den Kindern das Bedürfnis nach freiem Spiel immer noch sehr groß.

Die Übergangsphase vom Kindergarten- zum Schulkind manifestiert sich aber nicht bei allen Kindern durch erhöhtes Bedürfnis nach Aktivität oder Verantwortung. Im Gegenteil, manche Kinder fallen durch Interesselosigkeit auf. Sie sind untätig, fühlen sich schlapp, trödeln viel herum und wissen kaum etwas mit sich anzufangen. Auch dies können typische Anzeichen der Umbruchzeit sein. Wir müssen uns bemühen, auch dieser, völlig anders gearteten Bedürfnislage der Kinder entgegenzukommen.

Eine sicher schwierige Zeit für Eltern und Erzieher! Wenn wir uns aber bewusst machen, dass die Probleme ein Zeichen dafür sind, dass die Großen ihre Kindergartenzeit abschließen und bereit für viel Neues (die Schule) werden, können wir sie sicher mit Verständnis und Geduld überstehen.

Doch noch nicht schulreif?

Eltern erschrecken, wenn die Erzieherin meint, ihr Kind könnte noch nicht schulreif sein. Aber mit mangelnder Begabung hat der Vorschlag, ein Kind zurückzustellen, in der Regel nichts zu tun!

Ein wichtiger Grund, ihr Kind in den Kindergarten zu schicken, ist für viele Eltern, es so gut wie möglich auf den späteren Schuleintritt vorzubereiten. Im Allgemeinen sind Kinder mit etwa sechs Jahren in der Lage, vom Kindergarten in die Schule zu wechseln. Das muss aber nicht immer so sein, denn bei der Altersangabe handelt es sich lediglich um einen Durchschnittswert. Die Altersspanne der Schulneulinge ist deshalb auch sehr groß. Sie reicht von den gerade erst Sechsjährigen bis hin zu den schon siebenjährigen Kindern. Markus ist im März sechs geworden. Kurz nach seinem Geburtstag wendete sich die Erzieherin an seine Mutter, weil sie Bedenken hatte, ob Markus tatsächlich bis zum Herbst schulfähig sein würde. Obwohl die Mutter und die Erzieherin schon mehrmals über dieses Thema gesprochen und Markus Entwicklung sehr sorgfältig beobachtet haben, war sie doch sehr beunruhigt. Nicht nur, dass sie sich Sorgen wegen des möglicherweise ausbleibenden schulischen Erfolgs machte, sie hatte, wie vie-

le Eltern in ähnlicher Situation, ein wenig das Gefühl, mit der Rückstellung ihres Kindes selbst zurückgesetzt zu werden.

Häufig erleben Erzieher, die Eltern den Rat geben, ein Kind noch ein Jahr vom Schulbesuch zurückzustellen, dass das Eltern-Kind-Verhältnis davon überschattet wird. Es können Ängste entstehen, dass das Kind nicht ausreichend begabt ist. Manchmal kommt es zu Schuldgefühlen, sich nicht genügend um das Kind gekümmert zu haben.

Jedes Kind entwickelt sein eigenes Tempo!

Dabei ist es ganz natürlich, dass sich Kinder nicht immer im gleichen Tempo entwickeln. Es würde ihnen deshalb schaden, sie aus falsch verstandenem Ehrgeiz unter Druck zu setzen, weil vermeintlich Versäumtes aufgeholt werden soll. Oft machen Kinder ganz von selbst und von allein unerwartet einen Entwicklungsschub, der einem Schuleintritt nichts mehr in den Weg stellt.

Ich meine, es ist nicht sinnvoll, bei den Kindern schon lange Zeit vor der eigentlichen Entscheidung eine Erwartungshaltung zu wecken, indem man ihnen immer wieder erklärt, dass sie jetzt ein »Vorschulkind« sind. Sollte sich später herausstellen, dass es für den Schuleintritt doch noch zu früh ist, wird die Enttäuschung umso größer und es ist dann schwer, den Kindern zu erklären, warum sie doch noch nicht in die Schule gehen dürfen. Nur zu leicht entsteht bei den Kindern dann das Gefühl, versagt zu haben.

Über die Schulreife entscheiden nicht nur kognitive Fähigkeiten.

Um einen gelungenen Wechsel in die Schule zu ermöglichen, sind nicht nur kognitive Fähigkeiten von Bedeutung. Häufig wird der Wert von Selbstvertrauen und Erfolgszuversicht unterschätzt. Gerade bei Kindern, die noch nicht genügend Selbstsicherheit entwickelt haben, sind Lob und Anerkennung nötig! Durch zusätzliche Forderungen und Druck werden diese Kinder noch tiefer verunsichert. Oft benötigen sie nur Zeit und ein weiteres Jahr im Kindergarten, wo sie jetzt die Großen sind und schon fast alles kennen und können, um die nötige Sicherheit zu entwickeln. Ob zusätzliche Förderung oder zum Beispiel der Besuch einer schulvorbereitenden Einrichtung nötig ist, muss deshalb im Einzelfall geklärt werden.

Sollten Eltern Zweifel an der Einschätzung der Erzieherin haben, kann es hilfreich sein, eine andere Stelle, zum Beispiel eine Erziehungsberatungsstelle, hinzuzuziehen. In jedem Fall sollten Eltern sich darüber im Klaren sein, dass eine noch nicht entwickelte Schulreife in der Regel nichts mit mangelnder Begabung zu tun hat. Die Kinder sollten mit den Zweifeln, die in einer solchen Situation entstehen können, möglichst wenig belastet werden, weil offene und gute Gefühle eine wichtige Voraussetzung sind, um angstfrei vom Kindergarten Abschied nehmen zu können und den Schulbeginn positiv zu erleben.

Schulreife hat nichts mit mangelnder Begabung zu tun!

Zu Besuch bei alten Freunden

In den ersten Wochen und Monaten nach der Einschulung zieht es manche Kinder zurück in ihren ehemaligen Kindergarten.

Susanne geht in die erste Klasse. Schon seit Tagen bettelt sie zu Hause darum, wieder einmal ihren alten Kindergarten besuchen zu dürfen. Endlich ruft die Mutter die ehemalige Erzieherin an und fragt, ob ein Besuch möglich wäre. Die Erzieherin hat nichts dagegen, es wird ein Termin vereinbart, und schon kurze Zeit später begrüßt sie Susanne in deren ehemaliger Gruppe. Einige Tage nach diesem Besuch hat Susanne wieder den Wunsch, ihre Kindergartenfreunde zu besuchen, und nun macht sich ihre Mutter Gedanken, was wohl dahinter stecken mag, dass ihr Kind so große Sehnsucht nach dem Kindergarten hat.

Wie Susanne geht es vielen Kindern. Das ist auch verständlich: Über einen langen Zeitraum sind enge Bindungen entstanden, nun möchten die Kinder ihre neuen Erfahrungen mit den alten Freunden teilen und andererseits wissen, was es im Kindergarten Neues gibt.

Besonders Kindern, die sich der Schule noch nicht so recht gewachsen fühlen, die sich als »klein« erleben, tut es gut, von den jüngeren Freunden bewundert zu werden und ohne Leistungsdruck spielen zu können.

In der Regel haben die Erzieherinnen nichts gegen Besuche der »Ehemaligen«. Allerdings sollten sie rechtzeitig darüber informiert werden, um einen günstigen Zeitpunkt festzulegen. Ich habe es schon erlebt, dass vier oder fünf Kinder in der Schule beschlossen haben, sich nachmittags im Kindergarten zu treffen. So ein Schülertreffen kann aber den Rahmen einer Kindergartengruppe sprengen.
Für einige Kinder ist der Kindergarten noch lange nach der Einschulung enorm wichtig, wichtiger als die Schule und die neuen Freunde. Dann sollte man sich doch fragen, ob das Kind mit der Schule noch überfordert ist und ernsthafte Schwierigkeiten bestehen. In diesem Fall kann vielleicht ein Gespräch mit der Lehrkraft darüber Aufschluss geben, warum das Kind sich nicht vom Kindergarten lösen kann.

Abgeschlossene Lebensphase

Es gibt aber auch gegenteilige Fälle. Tino zum Beispiel. Er konnte sich früher gar nicht vorstellen, nie mehr in den Kindergarten zu gehen, als er aber in die Schule ging, zeigte er überhaupt kein Interesse mehr am Kindergarten. Er hatte keine große Lust, die alten Freunde und Räumlichkeiten wieder zu sehen, und wenn er seine ehemalige Erzieherin auf der Straße traf, wirkte er unsicher und grüßte scheu. Diese Reaktion sieht man oft bei Schulkindern. Sie haben die enge Bindung an den Kindergarten gelöst, der Kindergarten ist für sie inzwischen »Babykram«, mit dem sie nichts mehr zu tun haben möchten. Die einst so heiß geliebte Erzieherin ist jetzt Bestandteil einer Lebensphase, die abgeschlossen ist.

Eltern fragen

Kindergarten – ja oder nein?

Wenn Kinder schon eine Spielgruppe, die Musikschule, den Schwimmkurs ... besuchen, fragen sich Eltern, ob da ein Kindergartenbesuch überhaupt noch nötig ist.

Gute Voraussetzungen

Frage: »Unsere vierjährige Tochter geht einmal die Woche für anderthalb Stunden in die Spielgruppe, ebenfalls regelmäßig in die Musikschule und seit kurzem lernt sie schwimmen. Zwischendurch trifft sie sich immer mal mit anderen Kindern – für Kontakte ist also gesorgt. Wir haben einen Platz im Kindergarten in Aussicht, und nun stellt sich uns die Frage: Wird unsere Tochter bereits ausreichend gefördert, oder sollte sie den Kindergarten besuchen?«

Antwort: Ihre Tochter hat durch den Besuch der Spielgruppe und der Musikschule besonders gute Voraussetzungen, sich in einer Kindergartengruppe zurechtzufinden. Sie ist schon an längere Trennungszeiten von Ihnen gewöhnt und kennt die »Spielregeln«, die für das Zusammensein in einer Gruppe nötig sind. Darüber hinaus würde ihr der Kindergartenbesuch helfen, sich an eine Regelmäßigkeit zu gewöhnen, die den Übergang in die Schule erleichtert. Durch die Regelmäßigkeit lernen Kinder, sowohl angenehme als auch problematische oder sogar schmerzhafte Erfahrungen durchzustehen. In einer Gruppe, die sich täglich zusammenfindet, gerät das

Zusammenleben gelegentlich in eine Krise, soziale Konflikte müssen bewältigt werden. Das bringt aber nicht nur schmerzhafte Erfahrungen mit sich, sondern auch soziale Reife, wenn Kompromisse oder Lösungen gefunden werden. Es entstehen Erfahrungen, an denen die Kinder wachsen können. Außerdem gibt die regelmäßig wiederkehrende Gestaltung des Tagesablaufs den Kindern Sicherheit, weil alles bekannt, gewohnt und vertraut ist.

Selbstverständlich lassen sich beim Kindergartenbesuch nicht nur positive Erfahrungen machen.

Schwierigkeiten sind gerade in der ersten Zeit ganz normal und sollten nicht unbedingt als Zeichen einer Überforderung betrachtet werden. Es kann vorkommen, dass das Kind in der Anfangszeit erschöpft, vielleicht auch aggressiv ist, weil viele neue Eindrücke bewältigt werden müssen. Belastende Beziehungen, das Entstehen von Freundschaften, aber auch Streitereien sind Erlebnisse, die die Kinder verarbeiten müssen. In der Regel lernen sie aber bald, damit umzugehen.

Sie haben Ihrem Kind wichtige Voraussetzungen und gute Bedingungen für den Eintritt in den Kindergarten geschaffen. Ihre Tochter sollte nun die vielseitigen Anregungen und Entwicklungsanreize im Kindergarten ausschöpfen!

Die Öffnungszeiten sind zu kurz! Können Eltern Einfluss nehmen?

Manchmal können Mütter nicht berufstätig sein, weil es die Öffnungszeiten des Kindergartens nicht zulassen.

Frage: »Ab dem Herbst werden meine beiden Kinder den Kindergarten besuchen, da ich dann, nach fünf Jahren ›Kinderpause‹, halbtags wieder in meinen Beruf einsteige. Mein Problem sind die Öffnungszeiten der Einrichtung: 8.30 bis 11.30 Uhr und 13.30 bis 16.30 Uhr. Ich brauche aber Öffnungszeiten von 8 bis 12 Uhr! Bei einer personellen Besetzung von zwei Ganztags- und zwei Halbtagskräften für zwei Gruppen müsste das doch zu machen sein! Denn was bringen derart ungeschickte Öffnungszeiten, wenn sie der Mutter nicht einmal eine Halbtagsstelle ermöglichen? Wie könnte ich eine Änderung der Öffnungszeiten bewirken?«

Antwort: Eine Chance, diesen Wunsch durchzusetzen, haben Sie nur, wenn Sie sich nicht als Einzige dafür einsetzen. Nach meiner Erfahrung werden verlängerte Öffnungszeiten meist mit »Notdiensten« möglich gemacht. Eine Erzieherin oder Kinderpflegerin übernimmt dann im Wechsel mit ihren Kolleginnen in diesem Zeitraum alle Kinder. Diese zusätzliche Dienstzeit kann sie mit Freizeit ausgleichen.

Kindergärten sind keine Bewahranstalten.

Ihr Kindergarten ist mit zwei Ganztags- und zwei Halbtagskräften relativ schlecht besetzt. Würden zwei Erzieherinnen täglich jeweils eine halbe Stunde lang die Kinder betreuen, deren Mütter die erweiterten Öffnungszeiten in Anspruch nehmen, hieße das, dass sie an einem Vormittag pro Woche frei hätten und die Gruppen dann nur mit einer Kraft besetzt wären. Sicher können Sie sich vorstellen, dass eine pädagogisch sinnvolle Arbeit unter diesen Umständen nur schwer möglich ist. Leider bietet der Gesetzgeber keine Lösungsvorschläge an, wie ohne zusätzliches Personal bei mehr Kindern und verlängerten Öffnungszeiten verhindert werden soll, dass die Kindergärten wieder den Charakter von Bewahranstalten annehmen.

Wie aber können Sie vorgehen, um vielleicht doch noch Ihre Interessen durchzusetzen? Grundsätzlich müsste erst einmal geklärt werden, ob der Träger Ihres Kindergartens bei bestehendem Bedarf bereit ist, die Öffnungszeiten des Kindergartens zu erweitern. Die letzte Entscheidung liegt nämlich in den Händen des Trägers. Sollte der Träger »grünes Licht« geben, müsste der tatsächliche Bedarf ermittelt werden. Vielleicht könnten Sie und/oder der Elternbeirat in einer Umfrage überprüfen, ob wirklich nur Sie Interesse an einer verlängerten Öffnungszeit haben. Vielleicht würde die eine oder andere Mutter gerne die Oma entlasten oder außer Haus arbeiten, wenn sie die

Möglichkeit dazu hätte. Nicht selten bringt ein verändertes Angebot auch eine veränderte Nachfrage mit sich!

Trennungsangst – wie können wir damit umgehen?

Wenn Eltern schon häufig erlebt haben, dass ihre Kinder sich schlecht von ihnen lösen können, sehen sie dem bevorstehenden Kindergarteneintritt mit gemischten Gefühlen entgegen.

Frage: »Schon früh habe ich mit meinem Sohn (heute fünf Jahre alt) eine Babygruppe besucht. Später, als er dafür zu groß war, sind wir gemeinsam in eine Spielgruppe gegangen. Obwohl mein Sohn weder neue Leute noch neue Gruppen mag und gar nicht der Typ ist, der auf neue Leute zugeht, hat er dort mit der Zeit Freunde gefunden. Er freut sich, wenn seine Freunde ihn besuchen – er selbst möchte aber nirgendwo hingehen. Er bleibt nirgends (außer bei Oma) und er machte immer ›Theater‹, wenn ich gehen wollte. Auch bei seinen Freunden bleibt er nur, wenn ich dabeibleibe. Mein Sohn war mit sechs Monaten und später noch einmal mit knapp vier Jahren im Krankenhaus, das hat seine Trennungsängste sicher noch verstärkt!
Da Felix nächstes Jahr in die Schule kommen soll, muss jetzt einfach etwas geschehen. Die Erzieherin seiner künftigen Gruppe hat mir geraten, anfangs die erste Stunde in der Gruppe zu bleiben – ich würde ihn aber am liebsten nur abgeben! Nicht, weil ich ihn ›loshaben‹ möchte, sondern weil ich selbst schon richtig Angst vor jeder Trennung habe. Was raten Sie mir?«

Angst vor Trennung!

Antwort: Sie überlegen, wie Sie Ihrem Sohn den Start im Kindergarten erleichtern beziehungsweise seine Angst vor Trennungen überhaupt abbauen können. Die meisten Möglichkeiten, den Kindergartenbesuch vorzubereiten, haben Sie bereits ausgeschöpft: Felix hat eine gewisse Vorstellung von seinem Kindergarten, er kennt den Gruppenraum, einige Kinder und die Erzieherinnen. Durch den Besuch der Spielgruppe ist er schon mit den ersten Spielregeln einer Gruppe vertraut, auch wenn er krankheitsbedingt sehr häufig gefehlt hat.

Auch wenn Eltern alles getan haben, um ihr Kind so gut wie möglich auf den Kindergartenbesuch vorzubereiten, befürchten sie häufig Schwierigkeiten, besonders wenn sie bisher immer die Erfahrung gemacht haben, dass sich ihr Kind nicht von ihnen lösen kann. Krankenhausaufenthalte spielen dabei oft eine nicht geringe Rolle.

Manchmal ist Schüchternheit aber auch ein Wesenszug eines Kindes, den Eltern akzeptieren müssen und dem sie nicht selten viel Verständnis entgegenbringen – weil sie nämlich selbst auch zu Schüchternheit neigen. Trotzdem wird es nötig sein, dem Kind zu seinem eigenen Vorteil Hilfestellungen zu geben, um diese Schüchternheit so weit zu überwinden, dass ausreichend soziale Kontakte möglich werden und später die Schulfähigkeit nicht beeinträchtigt wird.

Sie sagen, Sie würden Felix am liebsten nur im Kindergarten abgeben. Das halte ich aus folgenden Gründen für keine schlechte Idee: Abschiedsszenen tun weh und verunsichern ein Kind, weil es spürt, dass auch seine Eltern sich nicht wohl fühlen! So entsteht Unsicherheit, und gerade wenn viele Trennungen schon mit Ängsten, Trauer oder Wut verbunden waren, spricht manches dafür, die Trennungsphase möglichst kurz zu halten, weil kaum noch zu erwarten ist, dass die längere Anwesenheit der Mutter oder des Vaters dem Kind weiterhilft. Ich habe oft die Erfahrung gemacht, dass sich ein Kind viel leichter ablenken lässt, nachdem die Mutter oder der Vater gegangen sind, weil erst dann die Erzieherinnen die Chance hatten, mit dem Kind Kontakt aufzunehmen. Da sich Ihr Sohn in der Vergangenheit nicht leichter von Ihnen gelöst hat, obwohl Sie meist noch bei ihm geblieben sind, würde ich Ihnen raten, das Trennungsproblem unter diesen Aspekten noch einmal mit den Erzieherinnen zu besprechen. Vielleicht können Sie anfangs, anstatt länger zu bleiben, Ihren Jun-

Abschiednehmen tut weh.

gen etwas später in den Kindergarten bringen, um die Trennungszeit insgesamt kürzer zu halten. Sobald ein Kind weiß, dass es regelmäßig und pünktlich wieder abgeholt wird, kann es sich langsam auf länger werdende Trennungszeiten einstellen.

Eine andere Möglichkeit, beiden Seiten das »Loslassen« zu erleichtern, besteht darin, das Kind von jemand anderem in den Kindergarten bringen zu lassen. Das hat den Vorteil, dass nicht die Mutter das Kind verlässt – es allein im Kindergarten zurücklässt –, sondern das Kind verlässt die Mutter zu Hause. Ich habe schon mehrmals beobachtet, wie viel Erleichterung das beiden Seiten bringt. Oft haben Kinder, die von ihren Großeltern oder Nachbarn in den Kindergarten gebracht werden, viel weniger Schwierigkeiten. Eine andere schöne Möglichkeit ist, zum Beispiel von der Mutter des Freundes oder der Freundin zu Hause abgeholt und in den Kindergarten gebracht zu werden. Das bringt noch zusätzlich Erleichterung, weil die Kinder gemeinsam in die Gruppe gehen können.

Welche Alternativen gibt es?

Besonders während der Eingewöhnungszeit sollten Eltern auf Regelmäßigkeit beim Kindergartenbesuch achten, nur so wird er für ein Kind zur Selbstverständlichkeit. Erst wenn ein Kind sich mit der fremden Umgebung vertraut gemacht hat, wenn es den Tagesablauf im Kindergarten kennt und weiß, womit es spielen kann, wird es sich dort wohl fühlen können. So wird auch Ihr Sohn anfangen, erste Kontakte zu knüpfen, und mit der Zeit Spielkameraden finden.

Felix wird es sicher gut tun, wenn er die Erfahrung machen darf, mit Unsicherheiten fertig zu werden und es schließlich geschafft zu haben. Kinder, die Schwierigkeiten gemeistert haben, wachsen daran – sie gewinnen an Sicherheit und Selbstvertrauen.

Gerade in der schwierigen Anfangsphase rate ich den Eltern, engen Kontakt mit den Erzieherinnen zu halten, weil diese abschätzen können, ob ein Kind kindergartenreif ist und seine Probleme überwinden wird, oder ob Unterstützung, zum Beispiel von einer Erziehungsberatungsstelle, angeraten ist.

Keine Lust auf Kindergarten!

Längere Unterbrechungen kurz nach dem Kindergarteneintritt führen oft dazu, dass Kinder gar nicht mehr in den Kindergarten gehen wollen.

Frage: »Seit dem Sommer besucht unsere vierjährige Tochter den Kindergarten. Eine Zeit lang ging sie gern dorthin, weil sie eine Erzieherin sehr mochte. Doch dann gab es einige Unterbrechungen: erst die Windpocken, dann Kindergartenferien und zuletzt unser dreiwöchiger Urlaub. Seitdem streikt unsere Tochter, sie tobt und schreit bis zur Erschöpfung, wenn sie in den Kindergarten gehen soll, und redet immer wieder davon, dass wir sie abmelden sollen. Sind solche Machtkämpfe normal? Und sollte ich sie zwingen, den Kindergarten regelmäßig zu besuchen?«

Der Kindergartenbesuch sollte zur Selbstverständlichkeit werden.

Antwort: Gerade während ihrer ersten Zeit im Kindergarten sind Kinder recht häufig krank, weil sie noch nicht so abwehrstark sind und fast jeden Krankheitserreger aufschnappen. Krankheits- oder urlaubsbedingte Unterbrechungen sind für die neuen Kinder zwar ungünstig, weil die Kinder jedes Mal vor einem Neuanfang stehen – leider lassen sich Unterbrechungen aber kaum vermeiden. Anfängliche Schwierigkeiten beim Kindergarteneintritt sind ganz normal und werden von sehr vielen »Kindergartenneulingen« in ähnlicher Form durchlebt. Sie sind nicht unbedingt ein Zeichen dafür, dass ein Kind noch nicht kindergartenreif ist, und es gibt durchaus Möglichkeiten der Hilfe, die Ihrem Kind und auch Ihnen den Übergang etwas erleichtern.
Abschied tut weh! Ihre Tochter hat sehr schnell gemerkt, dass auch für Sie die Trennung schmerzhaft ist. Es verunsichert sie oder macht ihr gar Angst, weil sie spürt, dass auch Sie sich nicht wohl fühlen und hin und her gerissen sind. Versuchen Sie deshalb, sie Ihre eigene Unsicherheit nicht zu sehr spüren zu lassen und die Trennungsphase möglichst kurz zu halten. Nach meiner Erfahrung beruhigen sich Kinder so viel schneller und lassen sich eher auf

ein Spiel ein. Wenn Sie sich für die Fortsetzung des Kindergartenbesuchs entscheiden, achten Sie unbedingt darauf, Ihre Tochter künftig ganz regelmäßig und ohne häufigere oder längere Unterbrechung dorthin zu bringen. Nur so wird es ihr möglich werden, den Kindergartenbesuch als etwas Selbstverständliches zu betrachten. Sie wird sich an den Rhythmus und den Tagesablauf gewöhnen und mit dem Spielmaterial vertraut werden. Mit der Zeit wird sie wissen, womit oder mit wem sie spielen kann – erst dann wird sie sich im Kindergarten wohl fühlen können. Dieser Entwicklungsprozess vollzieht sich leichter und schneller, wenn er nicht immer wieder unterbrochen oder gestört wird.

Sollten Ihre Bedenken bestehen bleiben, könnten Sie mit Ihrer Tochter einen »freien Tag« pro Woche fest vereinbaren und ihr so entgegenkommen. Wichtig ist aber, einen solchen Kompromiss konsequent durchzuhalten (es muss tatsächlich bei einem Tag pro Woche bleiben).

Falls Sie sich nicht zur Fortsetzung des Kindergartenbesuchs entschließen können, besteht noch die Möglichkeit, durch eine längere Pause alles zur Ruhe kommen zu lassen und Ihre Tochter erst später wieder in den Kindergarten zu bringen.

Aber wie Sie sich auch entscheiden, ob Ihre Tochter jetzt oder erst später in den Kindergarten geht: Sie sollten häufige oder längere Unterbrechungen des Kindergartenbesuches gerade am Anfang dringend vermeiden. Es ist erwiesenermaßen schwierig für ein Kind, sich immer wieder umzustellen und Anschluss zu finden!

Kranke Kinder in den Kindergarten?

Kranke Kinder bleiben zu Hause – aber was ist, wenn die Möglichkeit einer Ansteckung nicht auszuschließen ist?

Ist es sinnvoll, ein Kind auf den bloßen Verdacht einer Ansteckung hin zu Hause zu behalten?

Frage: »Meine Tochter Franziska (sieben Jahre) ist vor einer Woche an den Windpocken erkrankt. Nach Rücksprache mit dem Arzt habe ich meinen Sohn Alexander (fünf Jahre) weiter in den Kindergarten geschickt. Gestern bekam ich einen Anruf aus dem Kindergarten. Die Erzieherin wollte wissen, warum ich Alexander nicht zu Hause gelassen habe. Er könne schließlich den gesamten Kindergarten angesteckt haben. Ich müsste auch bedenken, dass manche Kinder Geschwister zu Hause haben. Besonders die Säuglinge wurden mir ans Herz gelegt. Ich habe mich daraufhin entschlossen, Alexander die nächsten 14 Tage nicht in den Kindergarten zu schicken, um ihm Repressalien zu ersparen – obwohl ich persönlich das alles nicht einsehe. Rücksichtnahme ist ja in Ordnung, aber muss sie wirklich so weit gehen? Gehen nicht jede Mutter und jeder Vater das Risiko ein, dass sich ein Familienmitglied eine Infektionskrankheit einfängt, wenn ein Kind den Kindergarten besucht? Ich würde gerne wissen, ob der Kindergartenträger das Recht hat, mir vorzuschreiben, wann ich meinen Sohn zu Hause lassen muss? Die Windpocken haben eine Inkubationszeit von 21 Tagen. Das würde bedeuten, dass Alexander mindestens drei Wochen auf Verdacht zu Hause bleiben müsste. Da ich berufstätig bin, mein Sohn aber nicht krank ist, muss ich Urlaub nehmen. Ist es wirklich sinnvoll, Kindern auf den bloßen Verdacht hin, sie könnten sich angesteckt haben, den Kindergartenbesuch zu untersagen, um andere Kinder und deren Geschwister vor einer eventuellen Ansteckung zu schützen?«

Antwort: Das Thema Infektionskrankheiten ist für Eltern von Kindergartenkindern ständig aktuell. Sie haben ganz Recht, sobald ein Kind den Kindergarten besucht, ist das Risiko, sich mit einer Infektionskrankheit anzustecken, deutlich erhöht. Es ist verständlich, dass eine Erzieherin das Risiko einer Ansteckung so gering wie möglich halten möchte. Tatsächlich gibt es Erkrankungen, bei denen der Erkrankte oder ein Ansteckungsverdächtiger erst nach Ablauf einer vorgeschriebenen Frist nach Ausbruch der Krankheit oder mit einem ärztlichen Attest wieder in den Kindergarten kommen darf. Diese Fristen wurden vom Bundesgesundheitsamt zur Wiederzulassung in Gemeinschaftseinrichtungen (Kindergärten, Schulen ...) nach Infektionskrankheiten vorgeschrieben. Das ist zum Schutz aller sicher richtig und sinnvoll, denn leider kommt es auch vor, dass Kinder bereits wieder in den Kindergarten gebracht werden, bevor sie ganz gesund sind. Dadurch entsteht nicht nur eine erhöhte Ansteckungsgefahr für die anderen Gruppenmitglieder, auch die noch nicht ganz genesenen Kinder sind der Belastung einer Gruppe kaum gewachsen, weil sie noch geschwächt und daher besonders anfällig sind. Bei besonders schweren und oft komplikationsreich verlaufenden Erkrankungen wie der Hirnhautentzündung werden auch Ansteckungsverdächtige erst nach einer bestimmten Frist wieder im Kindergarten oder in der Schule zugelassen.

Die Reaktion von Alexanders Erzieherin erscheint vielleicht etwas übertrieben, weil bei einer Windpockenerkrankung nach meinen Informationen selten Komplikationen zu erwarten sind, aber vielleicht hat sie schon einmal erlebt, wie sich gerade die Windpocken epidemieartig ausgebreitet haben, und wollte deshalb besonders vorsichtig sein.

Das Gesundheitsamt gibt Auskunft.

Im Zweifelsfall können sich Eltern und Erzieher beim zuständigen Gesundheitsamt informieren, um die eigenen und fremden Kinder nicht unnötigen Risiken auszusetzen.

Wir ziehen um!

Wenn auf die ganze Familie viele Veränderungen zukommen, fragen sich Eltern, wie sie ihre Kinder darauf vorbereiten können.

Frage: »Alina ist vier Jahre alt und geht seit September in den Kindergarten. Seit sie sich eingelebt hat, geht sie mit großer Begeisterung dorthin. Nun, fünf Monate später, steht uns ein Umzug und damit auch ein Kindergartenwechsel ins Haus. Wir machen uns Sorgen, wie unsere Tochter mit den Veränderungen zurechtkommen wird. Gibt es Möglichkeiten, sie auf den bevorstehenden Orts- und Kindergartenwechsel vorzubereiten?«

Über bevorstehende Veränderungen sprechen.

Antwort: Ihre Tochter muss den Kindergarten verlassen, wenn sie sich gerade eingelebt und Vertrauen zu den Erzieherinnen gefasst hat. Die ersten Freundschaften sind entstanden und der Abschied wird ihr sicher nicht leicht fallen. Es ist wichtig, dass Sie mit Ihrer Tochter über die bevorstehenden Veränderungen reden und in der Übergangsphase verständnisvoll auf die Startschwierigkeiten reagieren. Probleme können zum Beispiel durch den Erzieherinnenwechsel entstehen: Ihre Tochter empfindet bei »ihrer« Erzieherin gerade Sicherheit und Geborgenheit und hat sich an ihren Erziehungsstil gewöhnt und

tut sich vielleicht schwer, sich nach so kurzer Zeit umzustellen. Der Verlust der vertrauten Person muss verkraftet und eine neue Beziehung soll aufgebaut werden. Hinzu kommen dann noch die veränderten räumlichen Gegebenheiten und die Anforderung, sich auf andere Kinder – eine ganz andere Gruppe einstellen zu müssen. »Alte« Freunde müssen verlassen und trotz dieses Trennungsschmerzes neue Freunde gefunden werden. Eine schwierige Situation! Veränderungen im häuslichen Bereich und im privaten Umfeld kommen noch dazu. Die wenigsten Schwierigkeiten sind meist dann zu erwarten, wenn ein Kind nach dem Umzug Zeit hat, sich in seiner neuen Umgebung einzugewöhnen. Es kann deshalb sinnvoll sein, es erst dann in den neuen Kindergarten zu schicken, wenn es sich zurechtfindet und wohl fühlt. Für viele Kinder ist es eine Hilfe, wenn sie den neuen Kindergarten schon vor dem Umzug einmal besuchen dürfen. Sie bekommen so bereits eine Vorstellung von ihrem zukünftigen Kindergarten und stellen sich leichter auf den Wechsel ein. Besprechen Sie sich deshalb schon bei der Anmeldung mit den Erzieherinnen und verabreden Sie einen Besuch.

Vielleicht können Sie auch schon Kontakt zu Familien am neuen Wohnort aufnehmen? Eine Zeitungsanzeige könnte hierbei hilfreich sein. Noch besser wäre es, wenn die Kontaktaufnahme über den Kindergarten geschehen könnte, weil Alina so schon Anschluss zu einem Kind aus seiner zukünftigen Kindergartengruppe bekommen kann. Das würde ihren Start bestimmt erleichtern.

Den Start erleichtern.

Mein Kind mag keine Kreisspiele!

Wenn Kinder nicht im Mittelpunkt stehen möchten, brauchen sie Verständnis und Zeit.

Frage: »Mein Sohn ist viereinhalb Jahre alt und spielt sehr gerne. Es gibt jedoch einen Spieletyp, mit dem er nicht zurechtkommt. Dabei handelt es sich

um Kreisspiele, bei denen immer ein Kind aus der Gruppe in die Mitte muss. Alexander macht bei diesen Spielen zwar grundsätzlich mit, weint dann aber sehr, wenn er in den Kreis muss. Mir ist nicht klar, warum diese Spielsituation so schwer für ihn zu ertragen ist. Ist es der Erwartungsdruck der Gruppe, etwas leisten zu müssen, der ihn belastet? Ist es mangelndes Selbstvertrauen oder hat es etwas mit ›nicht verlieren können‹ zu tun?
Wie kann ich meinem Kind helfen, mit diesen Spielsituationen besser umgehen zu können?«

Enormer Erwartungsdruck

Antwort: Sie beschreiben Gruppen- oder Kreisspiele, bei denen einzelne Kinder in die Mitte müssen. Wie ich aus Ihren Schilderungen entnehme, spielt Ihr Sohn zwar bei diesen Spielen mit, aber sobald er selbst an die Reihe kommt, scheint er von der Situation überfordert zu sein. Genauer betrachtet ist es gar nicht so schwer zu verstehen, warum es vielen Kindern in diesem Alter schwer fällt, sich bei solchen Spielen in den Mittelpunkt zu stellen. Ein Kind, das in einer Gruppe, sozusagen vor aller Augen, etwas leisten muss, ist tatsächlich einem enormen Erwartungsdruck ausgesetzt. Das ist vielleicht nachvollziehbar, wenn wir uns eine ähnliche Situation in der Erwachsenenwelt vorstellen: Viele von uns kostet es große Überwindung, vor eine Gruppe zu treten, um etwas zu sagen oder vorzutragen. Mancher meidet solche Gelegenheiten sein Leben lang. Ganz ähnlich kann ein Kind die Kreisspiele empfinden: Sie sind unangenehm und es bedarf vielleicht großer Überwindung mitzumachen.

Zu früh oder mit Druck erlebt, kann für ein Kind eine solche Situation eine große Überforderung bedeuten. Erst wenn es sich in der Gruppe sicher und angenommen fühlt, wird es Spaß an diesen Spielen finden können. Das muss nicht unbedingt ein Hinweis auf mangelndes Selbstvertrauen sein, sondern ist ein durchaus alters- und entwicklungsentsprechendes Verhalten.

Wie können wir Kindern helfen, mit diesen Spielsituationen umzugehen? Zunächst ist es wichtig, Geduld zu haben und ein Kind nicht zu drängen.

Haben Sie Geduld!

Lassen Sie ihm die Zeit, dem Spiel der anderen Kinder so lange zuzusehen, bis es sich ganz sicher wird und ohne Angst vor Misserfolg und ohne Druck und Zwang mitmachen möchte. Wir haben oft das Gefühl, wir müssten Kinder zu ihrem Glück zwingen. Und manchmal scheint wirklich nur noch ein kleiner Anstoß nötig zu sein. Doch gerade mit diesem Anstoß sollten wir besonders behutsam sein, denn die Erfahrung zeigt, dass Kinder eine Sache nie mehr gerne tun, wenn sie zu früh, noch bevor sie reif dafür waren, dazu gedrängt wurden. Tatsächlich werden unser Warten und unsere Geduld meist belohnt und die Kinder gehen von selbst und mit Freude an eine Sache heran, wenn die Zeit reif dafür ist.

Manchen Kindern ist geholfen, die eigene Scheu, im Mittelpunkt zu stehen, zu überwinden, wenn ein zweites Kind mit ihnen gemeinsam in den Kreis geht. Gerade am Anfang des Kindergartenjahres haben es bei uns die Kindergartenneulinge auf diese Weise oft geschafft, die Hemmschwelle zu überwinden, und bald waren sie mit Spaß bei der Sache.

Gruppen- und Kreisspiele sollten Spaß machen!

Bei allen Bemühungen sollten Sie nicht vergessen, der Sinn der Gruppen- und Kreisspiele besteht vor allem darin, Spaß zu machen und sich selbst als Teil einer Gruppe zu erleben. Die Freude am gemeinsamen Tun sollte unbedingt im Vordergrund stehen. Ich denke, Sie können beruhigt abwarten. Gerade weil Ihr Sohn sonst gerne und mit viel Spaß dabei ist, können Sie bestimmt auch verstehen und akzeptieren, dass er eigene Interessen und Vorlieben, aber auch Abneigungen hat. Vielleicht möchte Ihr Sohn im Moment alters- und entwicklungsbedingt nicht im Mittelpunkt stehen – vielleicht handelt es sich aber auch um einen Charakter- und Wesenszug Ihres Sohnes, der immer zu ihm gehören wird.

Ab vor die Tür!

Manchmal sind Eltern mit den Erziehungsmaßnahmen im Kindergarten nicht einverstanden.

Ist es überhaupt erlaubt, ein Kind vor die Tür zu schicken?

Frage: »In dem Kindergarten, den unsere Tochter besucht, ist das Vor-die-Tür-Stellen eine sehr häufig angewandte Erziehungsmethode. Obwohl wir schon ein paar Mal gegen diese Methode protestiert haben, wird an der Richtigkeit dieser Methode seitens des Kindergartens festgehalten. Ich frage mich, ob das Vor-die-Tür-Stellen im Kindergarten überhaupt erlaubt ist, vor allem dann, wenn die Eltern sich ausdrücklich gegen diese Maßnahme gestellt haben?«

Antwort: Das Vor-die-Tür-Stellen ist im Kindergarten nicht verboten. Die auch »time out« genannte Methode gehört durchaus zu den gängigen Erziehungsmaßnahmen. Obwohl das Vor-die-Tür-Stellen nicht zu häufig angewandt werden sollte, hat es manchmal schon Sinn und Berechtigung. Dann zum Beispiel, wenn vorangegangene Erklärungen, mildere Strafen, gutes Zureden usw. zu keiner Verhaltensänderung beim Kind führen. Oder wenn das Verhalten eines Kindes häufig darauf angelegt ist, Aufmerksamkeit zu erregen und sich in den Mittelpunkt zu stellen. In solchen Situationen kann das Vor-die-Tür-Stellen angebracht sein. Es ist dabei wichtig, nicht erst so lange zu warten, bis bereits die Aufmerksamkeit aller Kinder auf den Störenfried gerichtet ist. Das rechtzeitige Hinausschicken kann ein Kind davor bewahren, zu sehr in die Rolle des Bösewichts, Störenfrieds oder Gruppenkaspers zu geraten. Der Unruhestifter muss die Konsequenz seines Verhaltens natürlich vorher kennen und auch verstehen.

Ein Beispiel: Die Gruppe hat sich im Kreis getroffen, um gemeinsam ein Bilderbuch zu betrachten. Max versucht mit seinem Nachbarn herumzualbern und dieser lässt sich nach anfänglichem Zögern darauf ein. Schnell entsteht eine Unruhe, die es selbst interessierten Kindern nicht mehr ermöglicht, konzentriert zuzuhören. Die Situationen, in denen Max die Beschäftigungen stört, häufen sich, und alle Versuche der Erzieherin, den Jungen zu fesseln und zum Mitmachen zu motivieren, scheitern. In solchen Situationen kann es angebracht sein, ein Kind vor die Tür zu schicken, vielleicht mit der Anmerkung, dass es wieder hereinkommen kann, wenn es bereit ist, die anderen nicht mehr zu stören und selbst zuzuhören oder mitzumachen. Ein wenig Rücksichtnahme gehört auch bei Kindergartenkindern dazu und sollte in einer Kindergruppe geübt werden.

Rücksichtnahme will gelernt sein.

Gerade im Kindergarten muss natürlich die Aufsichtspflicht beachtet werden. Kinder sollten deshalb nur in einen Nebenraum geschickt werden, den sie nicht unbeobachtet verlassen können. Wenn das nicht möglich ist, muss sichergestellt sein, dass die Türen nach draußen verschlossen sind.

Bestimmt gibt es viele Argumente für und gegen das Vor-die-Tür-Stellen, und es ist als Erziehungsmaßnahme gerade im Kindergarten nicht ständig und in allen Situationen angebracht. Oft gibt es geeignetere Maßnahmen und häufig müssen die Ursachen für Konflikte in der Gruppe gesucht werden. Aber ab und zu stellt das Vor-die-Tür-Stellen nicht die schlechteste Möglichkeit dar, eine Situation zu entschärfen oder eine Verhaltensänderung zu bewirken.

Pro und Contra

Sollten Eltern mit den Erziehungsmaßnahmen im Kindergarten nicht einverstanden sein, rate ich ihnen, sich zunächst einmal bei der Erzieherin zu erkundigen, wie sie genau vorgeht und warum und in welchen Situationen sie zu einer bestimmten Erziehungsmaßnahme greift. Manchmal wird in einem klärenden Gespräch der Sinn einer umstrittenen Erziehungsmaßnahme durchschau- und nachvollziehbar. Sollten Eltern bestimmte Erziehungsmaßnahmen trotzdem ablehnen, können sie in einem Gespräch ihre Argumente erläutern – oft werden bei einem solchen Gespräch pädagogisch sinnvolle Lösungen gefunden, mit denen sich alle am Erziehungsprozess Beteiligten identifizieren können.

Bedeutet schulreif auch schulfähig?

Wenn Kinder schon viel können und wissen, fällt Eltern die Entscheidung, sie in die Schule zu schicken oder noch im Kindergarten zu lassen, schwer.

Frage: »Peter wird im Juli sechs Jahre alt. Da allgemein der Trend besteht, Kinder später als früher einzuschulen, überlegen wir nun, ob wir unseren Sohn noch ein weiteres Jahr in den Kindergarten schicken sollen, wo er sich sehr wohl fühlt. Wir beobachten seine Entwicklung genau und stellen fest, dass er mittlerweile Fähigkeiten und Fertigkeiten entwickelt, die unserer Ansicht nach weit über den Rahmen eines Kindergartenkindes hinausgehen. So baut er mit großer Hingabe mit Lego und anderen Bausystemen selbständig technische Maschinen und Geräte, wie sie nach der Anleitung etwa ab acht Jahren empfohlen werden. Momentan rechnet er besonders eifrig, wobei er es mit den Grundrechenarten sicher weit über den Zehnerbereich bringt. Er bastelt und töpfert gerne und sehr geschickt. Beim Arbeiten und Spielen mit anderen Kindern ist er aber noch leicht ablenkbar. Wir fragen uns, ob es sich um ein ›verlorenes‹ Jahr handelt, wenn wir unseren Sohn noch im Kindergarten lassen, oder welche Bedeutung dieses Jahr vor der Grundschule haben kann, für die unser Kind in vielen Dingen wohl schon reif wäre.«

Antwort: Bei Peter spricht einiges für die Überlegung, ihn noch ein Jahr in den Kindergarten zu schicken. Dieses letzte Jahr im Kindergarten hat im Hinblick auf Lernfreude, Leistungsbereitschaft und Gemeinschaftsfähigkeit eine besondere Bedeutung! Während des Freispiels im Kindergarten haben Kinder noch die Möglichkeit, ohne Druck und Erfolgszwang ihren Bedürfnissen entsprechend zu spielen. So wächst ihre Freude am eigenen und gemeinsamen Tun. Die Kinder lernen ihre Fähigkeiten kennen und erfahren, was sie schon können. Weil Kinder im Kindergarten die Möglichkeit haben, ihre Spiele und Beschäftigungen beliebig oft zu wiederholen oder abzuändern, werden die Spielerfahrungen ebenso wie die Sozialerfahrungen, die sie während ihres Spiels sammeln, verinnerlicht. Dadurch gewinnen die Kinder wesentlich an Selbstsicherheit und Selbstvertrauen. Kinder, die sich selbst etwas zutrauen, also mit Erfolgszuversicht an Aufgaben herangehen, sind auf dem besten Weg, die Lernbereitschaft und den Arbeitswillen für die Schule mitzubringen. Peter ist bestimmt von Freude und Stolz erfüllt, wenn ihm eines seiner schwierigen Bauwerke gelingt. Er wird in diesem Jahr im Kindergarten noch oft die Erfahrung machen, dass Anstrengung sich lohnt und Durchhalten sich bezahlt macht, auch wenn mal etwas nicht gleich funktioniert. Ein Kind, das diese Erfahrungen ohne Druck und Leistungszwang gemacht hat – also seinen Bedürfnissen entsprechend spielen konnte –, wird erst bereit sein, seine Kraft einzusetzen, wenn ihm Aufgaben gestellt werden, wie das ja in der Schule geschieht. In der Hauptsache dient Peter das letzte Kindergartenjahr also zur Vertiefung seiner Kenntnisse und Fertigkeiten und der Erweiterung seiner Erfolgszuversicht. Gleichzeitig wird Peter im Kindergarten jetzt immer häufiger erleben, dass er manche Spiele und Lieder schon kennt. Ich habe beobachtet, dass dadurch das Selbstvertrauen der Kinder gestärkt wird und der Wunsch in ihnen wächst, sich schwierigen Aufgaben und Wettbewerbssituationen zu stellen.

Lieber noch ein Jahr warten.

Ersparen Sie Ihrem Kind einen schlechten Start!

Viele Grundschullehrer bestätigen übrigens, dass Kinder, die früher eingeschult werden, selten an ihren intellektuellen Fähigkeiten scheitern. Aber auch sehr begabte Kinder – so die Auffassung der Lehrer – könnten ihre Fähigkeiten oft noch nicht einbringen, weil sie unsicher sind und Angst haben, Fehler zu machen. So bleiben sie sehr zurückhaltend und haben dadurch einen schlechteren Start.

Sollte Peter noch ein weiteres Jahr den Kindergarten besuchen, kann er seine Begabungen vertiefen und durch den täglichen Umgang mit der Kindergruppe wird er sicher auch bei der Arbeit und bei Spielen mit anderen Kindern noch eine höhere Konzentration entwickeln.

Daran, dass Peter sich in seiner Gruppe sehr wohl fühlt, zeigt sich doch, dass ihm im Kindergarten noch genügend Entwicklungsanreize in den verschiedensten Bereichen geboten werden. Im Zweifelsfall ist es sicher gut, sich mit der Erzieherin zu beraten und auszutauschen, besonders dann, wenn ein Kind vom Alter her wie Peter ein Grenzfall ist! Die Erzieherin kennt ihn und weiß, wie er sich in der Gruppe, also außerhalb des Elternhauses verhält – wie er reagiert, wenn Anforderungen an ihn gestellt werden, und wie sicher und selbstbewusst er sich in einer Gruppe zurechtfindet. Ein Kind, das nach seinen Fähigkeiten und Fertigkeiten beurteilt durchaus schulreif erscheint, muss nicht unbedingt auch schulfähig sein. Wir sollten uns zum Wohl der Kinder darum bemühen, ihnen einen schlechten Start zu ersparen.

Anhang mit Checklisten

Welcher Kindergarten ist der richtige für unser Kind?

Es gibt viele Kriterien, nach denen ein Kindergarten beurteilt werden kann, dabei ist es individuell sehr verschieden, was für Eltern von Bedeutung ist. Entscheiden Sie selbst, nach welchen Gesichtspunkten Sie Ihren Kindergarten auswählen möchten.

- *Öffnungszeiten/Ferienzeiten*

Entsprechen sie Ihren Bedürfnissen? Für Berufstätige sind nicht nur die Anfangs- und Schlusszeiten von Bedeutung, sondern auch die Ferienzeiten oder die Möglichkeit, ein Kind während der Ferien in einer Notgruppe unterzubringen – erkundigen Sie sich rechtzeitig!

- *Kindergartengebühren*

Die Höhe der Gebühren kann sehr unterschiedlich sein. In privaten Einrichtungen müssen Sie meist mit deutlich höheren Gebühren rechnen. Erkundigen Sie sich auch, ob noch weitere Kosten anfallen, zum Beispiel Spielgeld, Materialkosten, Essensbeitrag ... und bedenken Sie auch mögliche Fahrtkosten.

- *Wohnortnähe*

Ist der Kindergarten in nächster Nähe, ersparen Sie Ihrem Kind lange Autofahrten, weil der Weg auch zu Fuß, mit dem Fahrrad oder einem Roller geschafft werden kann. Eltern aus der Nachbarschaft können die Kinder abwechselnd in den Kindergarten bringen oder abholen, das schafft zusätzliche Entlastung und kann hilfreich sein, wenn ein Kind sich nicht von der Mutter trennen kann. Außerdem lernt Ihr Kind eher Freunde aus seiner näheren Umgebung kennen, die es auch außerhalb des Kindergartens treffen kann. Viele Kindergruppen machen gerade im Sommer häufig Spaziergänge und Ausflüge in die nähere Umgebung. Liegt der Kindergarten in der Nähe, lernt ein Kind dadurch seine Umgebung besser kennen.

Ein Kindergarten in Wohnortnähe hat viele Vorteile!

- *Ausstattung – Lage*

In der Grundausstattung sind sich Kindergärten sehr ähnlich, weil es gesetzliche Vorgaben gibt, die alle anerkannten Kindergärten erfüllen müssen (Ausnahmen bilden Montessori- und Waldorf-Kindergärten und manche private Einrichtungen). Allerdings gibt es trotz dieser Vorgaben große Unterschiede, weil es darauf ankommt, wie Erzieherinnen und Träger sie umgesetzt haben. Überprüfen Sie also, wie freundlich, ansprechend oder einladend ein Kindergarten auf Sie wirkt, und machen Sie sich auch Gedanken, welche Wirkung er auf Ihr Kind haben könnte. Wie sieht der Garten aus, bietet er neben den üblichen Spielgeräten auch Möglichkeiten zum freien Spiel ...?

Trotz gesetzlicher Vorgaben große Unterschiede

- *Personal/Gruppenzusammensetzung*

Interessant ist es zu erfahren, mit wie viel Personal die einzelnen Gruppen besetzt sind. Handelt es sich dabei um ausgebildete Erzieherinnen und Kinderpflegerinnen oder um Vor- und Berufspraktikanten und Zivildienstleistende? Letzteres bringt meist einen häufigeren Wechsel mit sich, der sich natürlich auch auf die Kinder auswirkt. Zudem haben Praktikanten immer

wieder zwischendurch Schule, wodurch mehr Fehltage entstehen, an denen die Kinder dann nur von einer Erzieherin betreut werden.
Wie groß sind die Kindergruppen? Je mehr Kinder in einer Gruppe sind, desto weniger Zeit wird die Erzieherin für jedes einzelne haben.

- *Elternarbeit/Elternmitarbeit*

Wie eng ist die Zusammenarbeit mit den Eltern? Werden Eltern häufig in Aktivitäten des Kindergartens einbezogen? In welcher Form werden Eltern in Fragen der Erziehung unterstützt? Gibt es Elternabende beziehungsweise orientiert sich die Elternarbeit an den Interessen und Bedürfnissen der Eltern?
Wie viel Einsatz wird von den Eltern erwartet? Sind Sie bereit oder in der Lage, diese Zeit für den Kindergarten aufzubringen?

- *Pädagogisches Konzept*

Von entscheidender Bedeutung

Nach welchem pädagogischen Konzept ihr künftiger Kindergarten arbeitet, ist für viele Eltern von entscheidender Bedeutung. Es gibt heute sehr viele verschiedene Kindergärten mit ganz unterschiedlichen pädagogischen Ansätzen, Montessori- oder Waldorf-Kindergärten, kommunale oder kirchliche Kindergärten, Spielzeugfreie Kindergärten, Wald-Kindergärten, Integrativ- oder Kneipp-Kindergärten ... die Liste ließe sich noch lange fortsetzen, und immer wieder werden neue Projekte mit neuen oder abgewandelten pädagogischen Konzepten angeboten. Allerdings haben nur wenige Eltern tatsächlich eine Wahl, weil manche Kindergärten einfach viel zu weit entfernt oder zu teuer sind. Trotzdem ist es empfehlenswert, in den in Frage kommenden Kindergärten nach dem pädagogischen Konzept zu fragen und sich alles genau erklären zu lassen oder sich mit weiterführender Literatur zu beschäftigen.

Was brauchen wir vor dem Start?

- *Eine ärztliche Bescheinigung, die belegt, dass das Kind frei von ansteckenden Krankheiten ist. Sie schließt das Ergebnis eines Tuberkulose-Tests mit ein.*
- *Hausschuhe*
- *Turnzeug mit Beutel*
- *Brottasche und Trinkflasche*

Kennzeichnen Sie alle Dinge mit dem vollständigen Namen Ihres Kindes, vielleicht können Sie auch ein kleines Zeichen anbringen, das Ihrem Kind das Erkennen seines Eigentums erleichtert. Vergessen Sie nicht, Ihrem Kind Taschentücher mitzugeben.

Hilfreiche Bilderbücher zum Thema Kindergarten

Mariebeth Boelts: Häschen kommt in den Kindergarten,
Coppenrath 1997

Lucy Cousins: Mausi im Kindergarten,
Sauerländer 1997

Jutta Langreuter, Vera Sobat:
Der kleine Bär kommt in den Kindergarten,
ars edition 1999

Miriam Pressler: Ben und Lena im Kindergarten,
Loewe 2003

Margret Rettich: Lisa im Kindergarten,
Loewe 2002

Liane Schneider: Conni kommt in den Kindergarten,
Carlsen 1998

Gerlinde Wiencirz: Jetzt gehe ich in den Kindergarten,
ars edition 2004

Zum Weiterlesen

Liz Lark: Yoga für Kids,
Gondrom 2004

Colin Rose, Gordon Dryden: Kinder spielerisch fördern 3 bis 6 Jahre,
Gondrom 2002

Dr. med. Thomas Seiler: Erste Hilfe bei Babys und Kindern,
Gondrom 2004

Wertvolle Ernährung für Kleinkinder,
Gondrom 2004

Welche Fragen kann eine Erzieherin nach einer gezielten Beobachtung beantworten?

- *Soziales Verhalten*

Kontakt zu Kindern

- Nimmt ein Kind selbständig, spontan, ungezwungen Kontakt zu anderen Kindern auf, oder wartet es darauf, dass man mit ihm Kontakt aufnimmt?
- Spielt es eher allein, zu zweit oder in einer Gruppe mit anderen zusammen? Hat es einen Freund, eine Freundin? Bevorzugt es bestimmte Spielpartner (älter – jünger; Jungen – Mädchen)? Lehnt es den Kontakt zu bestimmten Kindern ab oder wird es selbst abgelehnt?
- Wechselt es seine Spielpartner häufig?

Kontakt zu Erwachsenen

- Sucht das Kind die Nähe des Erziehers (verbale Annäherung – Körperkontakt), oder meidet es den Erzieher?
- Kann es seine Gefühle zeigen (zum Beispiel Zuneigung, Freude, Trauer, Wut, Eifersucht ...)?

Konfliktverhalten

- Geht das Kind Konflikten aus dem Weg oder stellt es sich ihnen?
- Ist es häufig in Streitigkeiten verwickelt?
- Bei welchen Anlässen streitet es sich (wenn ihm etwas weggenommen wird; wenn es seine Wünsche nicht durchsetzen kann, weil es anderen Kindern in Konfliktsituationen beistehen möchte; wehrt es sich, weil es angegriffen wurde)? Streitet es sich häufig mit bestimmten Kindern?
- Kann es seine eigenen Bedürfnisse aussprechen und die Bedürfnisse anderer wahrnehmen?
- Versucht es Konflikte selbständig zu lösen und sind seine Reaktionen dann der Situation angemessen (schlagen, schimpfen, diskutieren ...)?
- Kann das Kind eigene Wünsche zurückstellen, wenn es um den Ausgleich

verschiedener Bedürfnisse geht?
- Was tut es, wenn es in einem Streit unterlegen ist?

- *Emotionales Verhalten*

- Wirkt das Kind eher ängstlich oder sicher (bitte das Alter des Kindes beachten!)?
- Wie verhält es sich in neuen Situationen und bei Schwierigkeiten? Kann es selbst Lösungen finden oder wirkt es irritiert und hilflos (bitte Alter des Kindes beachten!)?

- *Spiel- und Arbeitsverhalten*

- Wählt das Kind selbständig und spontan Spielmaterial?
- Findet es neue Spielmöglichkeiten mit vertrautem Material, wiederholt es ständig die gleichen Spiele?
- Bevorzugt es bestimmte Spiele/bestimmtes Spielzeug, hat es besondere Interessen?
- Kann das Kind aufmerksam zuhören, Arbeitsanweisungen erfassen und sich für die Dauer eines gelenkten Spielangebotes konzentrieren?
- Bringt es begonnene Spiele oder Aufgaben zu Ende?

- *Sprachliches Verhalten*

- Zeigt das Kind altersentsprechendes Sprachverständnis, kann es zuhören?
- Zeigt es eine altersgemäße Ausdrucksfähigkeit, kann es verständlich und zusammenhängend erzählen?
- Spricht es mit anderen Kindern und dem Erzieher, beantwortet es Fragen?
- Zeigt es sprachliche Auffälligkeiten – welche?

- *Körperbeherrschung*

– Zeigt das Kind eine altersentsprechende grobmotorische Entwicklung (gehen, laufen, springen ...)?
– Wie gut ist seine Feinmotorik (Finger- und Handgeschicklichkeit) entwickelt?
– Weist das Kind eine Tendenz zu Rechts- oder Linkshändigkeit auf, oder zeigt es deutlich beidseitige Geschicklichkeit?

- *Sinnesbeherrschung*

– Zeigt das Kind Anzeichen, die auf eine Hör- oder Sehstörung hinweisen?

Die Kindergartenjahre sind eine aufregende Zeit, in der ein Kind viel erlebt. Damit sich Ihr Kind an diese wichtige Phase des Lebens später erinnern kann, bietet dieses Eintragbuch viel Platz für Einträge, Fotos und Selbstgemaltes aus dem Kindergartenalltag sowie von besonderen Festen und Ausflügen. Mit wattiertem Einband!

64 Seiten, durchgehend farbig

ISBN:3-8112-2491-3

Finger- und Bewegungsspiele, Kniereiter und Spielverse machen Spaß, vertreiben die Langeweile, reizen zum Lachen – und helfen gegen gelegentlichen Kummer. Klang, Rhythmus und Bewegung freuen Jung und Alt und regen zum Mitmachen und Lachen an.

96 Seiten,
durchgehend farbig

ISBN: 3-8112-2414-X

Kinder reimen gern und Erwachsene freuen sich, wenn Kinder ein Gedicht aufsagen. In der abwechslungsreichen Sammlung finden Sie Verse für alle Gelegenheiten: für private Anlässe und Familienfeiern, für Weihnachten, Ostern und Muttertag. Zum Lesen und Vorlesen, Schmökern und Auswendiglernen!

96 Seiten,
durchgehend farbig

ISBN: 3-8112-2415-8